PRÉCIS COMPARÉ

DE

LA GUERRE

FRANCO-ALLEMANDE

Nice. — Typographie V.-Eugène GAUTHIER et Cᵉ, Descente de la Caserne, 1.

PRÉCIS COMPARE

DE

LA GUERRE

FRANCO-ALLEMANDE

EXPOSÉ DES OPÉRATIONS DES DEUX ARMÉES

PAR

ALEXANDRE LAMBERT

Ancien officier aux Voltigeurs de la Garde
Capitaine dans la Garde mobile
Attaché pendant la guerre à l'État-Major du général Vinoy
Chevalier de la Légion d'honneur.

LES CAMPAGNES DE LA LOIRE

(AVEC CINQ PLANCHES SPÉCIALES)

LIBRAIRIES

E. LACHAUD, Éditeur
4, place du Théâtre-Français
PARIS

LIBRAIRIE ÉTRANGÈRE BARBERY, Éditeur
7, Place du Jardin-Public
NICE

MDCCCLXXII

Tous droits réservés.

AVANT-PROPOS

En offrant ce travail aux personnes qui s'intéressent aux questions militaires, j'ai besoin, d'abord, de faire appel à toute leur indulgence.

Je n'avais nullement l'intention, en commençant cette étude, d'en faire l'objet d'une publication.

J'ai trouvé, tout en compulsant les journaux étrangers et les ouvrages allemands, livrés jusqu'à ce jour à la publicité, quelques détails intéressants au sujet des mouvements de l'armée allemande.

La dislocation des différents corps donne

parfois l'explication de certains problèmes, qu'on chercherait en vain à résoudre en s'en rapportant seulement aux narrations françaises. On se demande, par exemple, pourquoi tel ou tel corps de notre armée n'a pas exécuté tel mouvement qui, sur la carte, paraît indiqué de lui-même. On ne sait pas que des forces considérables se trouvaient précisément devant lui, paralysant toutes ses actions.

J'ai fait tous mes efforts pour suivre, jour par jour, les mouvements de l'ennemi aussi bien que les nôtres.

Loin de moi la prétention de n'avoir point commis d'erreurs.

Je m'en accuse d'avance et j'ose supplier les personnes qui voudraient bien prendre cette peine de me les signaler.

Je n'ai point qualité pour juger les opérations. Si je me suis permis, dans quelques circonstances, d'émettre un avis et de joindre quelques réflexions à mon récit, je pense qu'on appréciera mes observations à leur juste valeur; je répudie d'avance toute idée de parti pris, soit dans un sens, soit dans l'autre.

Je n'ai point l'avantage de connaître un seul des officiers généraux qui ont pris part aux campagnes de la Loire. J'étais moi-même enfermé dans Paris, où j'avais l'honneur de servir dans l'état-major du général Vinoy.

Mon récit n'est donc basé que sur l'étude des livres et journaux que j'ai pu me procurer.

On me demandera peut-être pourquoi j'ai commencé mon travail par la fin, en étudiant d'abord les opérations sur la Loire.

Je répondrai très-franchement que la raison est toute personnelle. Ainsi que je l'ai dit, je ne songeais point à livrer ce travail à la publicité.

J'ai voulu étudier avec détail toutes les phases de cette malheureuse guerre.

J'ai commencé tout naturellement par lire tout ce que j'ai pu me procurer, au sujet des événements qui se passaient pendant l'investissement de Paris. Sur ces entrefaites parut le livre si complet du général Chanzy.

Je l'étudiais avec le plus grand soin et je me mis à fouiller les documents que j'avais entre les mains, pour me rendre compte des mouvements de l'armée allemande, concurremment avec les opérations dont je lisais le détail dans l'ouvrage du général Chanzy.

Tel est tout simplement l'origine de ce travail.

Je m'occupe en ce moment d'une étude analogue au sujet des différentes campagnes de l'Est. Si j'ai lieu de croire que ces pages aient pu offrir quelque intérêt, j'en ferai l'objet d'un second cahier et je continuerai ainsi pour les différentes périodes de la campagne.

Je termine ces lignes en me recommandant encore bien plus à l'indulgence qu'à l'attention de mes lecteurs.

Nice, 15 novembre 1871.

OPÉRATIONS SUR LA LOIRE

Les opérations militaires dont le bassin de la Loire a été le théâtre pendant la dernière campagne, peuvent se diviser en trois périodes parfaitement distinctes :

1° La première période, qui s'étend depuis l'apparition des Allemands aux environs d'Etampes jusqu'à la bataille de Coulmiers *(20 septembre — 9 novembre 1870)*.

2° La seconde période, qui s'étend depuis la réoccupation d'Orléans par nos troupes jusqu'à la deuxième prise de cette ville *(9 novembre — 4 décembre 1870)*.

3° La troisième période, depuis la deuxième occupation d'Orléans jusqu'à la conclusion de l'armistice *(4 décembre 1870 — 29 janvier 1871)*.

Ces trois périodes offrent des enseignements

également instructifs et intéressants, et tout d'abord, en comparant entre elles les opérations militaires qui se rattachent plus spécialement à chacune de ces périodes, aussi bien au point de vue stratégique qu'au point de vue tactique, on reconnaît sans peine que l'expérience est, quoi qu'on en dise, le meilleur des maîtres et des instructeurs.

COMPOSITION DES ARMÉES EN PRÉSENCE

Je crois qu'il est indispensable de donner le tableau de la composition des deux armées pendant chacune des périodes que nous aurons à étudier.

Je pense devoir rappeler, à cet égard, que, dans l'armée allemande, les différents corps se composent chacun de deux divisions à deux brigades. Les numéros de ces corps, divisions et brigades, se suivent sans interruption.

Ainsi, le 1er corps comprend les 1re et 2me divisions d'infanterie, qui se composent des brigades n° 1, 2, 3 et 4.

Le 10me corps comprend les 19me et 20me divisions et les brigades n° 37, 38, 39 et 40.

Il y avait, au commencement de la campagne, douze corps d'armée. Nous verrons plus tard qu'un treizième corps fut formé sous les ordres du grand-duc de Meklembourg; mais les deux divisions qui le composaient appartenaient, en réalité, à d'autres corps d'armée; elles n'étaient que provisoirement détachées.

PREMIÈRE

FORCES FRANÇAISES

PREMIÈRE ARMÉE DE LA LOIRE

Commandant en chef : Général de la MOTTE ROUGE
Chef d'état-major général : Général BOREL.

    Première division   Général SOL
    Deuxième —   — REYAU
    Troisième —   — POLHÉS
    Quatrième —   — MARULAZ
    Cavalerie   — MICHEL

DEUXIÈME ARMÉE DE LA LOIRE

Commandant en chef : Général d'AURELLES DE PALADINES
Chef d'état-major général : Général BOREL.

Quinzième corps

Commandant en chef Gén. d'AURELLES DE PALADINES (provisoirement)
Première division   Général MARTIN DES PALLIÈRES
Deuxième   —   — MARTINEAU DES CHESNEZ
Troisième   —   — PEYTAVIN
Cavalerie   — REYAU

Seizième corps

Commandant en chef Général CHANZY
Première division   — JAURÉGUIBERRY
Deuxième   —   — BARRY
Troisième   —   — MAURANDY (en formation)
Cavalerie   — MICHEL

    Corps francs   Colonel LIPOWSKI
    Volontaires de l'Ouest — CATHELINEAU

FORCES ALLEMANDES

Iᵉʳ CORPS BAVAROIS
Commandant en chef : Général VON DER THANN.

1ʳᵉ Division d'infanterie bavaroise : Général STEPHAN

Première brigade : Général DIETL
- Regiment de la garde du corps
- 1ᵉʳ régiment d'infanterie
- 2ᵐᵉ bataillon de chasseurs

Deuxième brigade : Général ORFF
- 2ᵐᵉ régiment d'infanterie
- 11ᵐᵉ id.
- 4ᵐᵉ bataillon de chasseurs

Réserve
- 9ᵐᵉ bataillon de chasseurs
- 3ᵐᵉ régiment de chevau-légers

2ᵐᵉ Division d'infanterie bavaroise : Général PAPPENHEIM

3ᵐᵉ brigade : Général SCHUMACHER
- 3ᵐᵉ régiment d'infanterie
- 12ᵐᵉ id.
- 1ᵉʳ bataillon de chasseurs

4ᵐᵉ brigade : Gén. VON DER THANN (Junior)
- 10ᵐᵉ régiment d'infanterie
- 13ᵐᵉ id.
- 7ᵐᵉ bataillon de chasseurs

Réserve : 4ᵐᵉ régiment de chevau-légers.

Cavalerie : Général de TAUSCH
- 1ᵉʳ régiment de cuirassiers
- 2ᵐᵉ id.
- 6ᵐᵉ rég. de chevau-légers.

22ᵐᵉ Division d'infanterie prussienne (détachée du 11ᵐᵉ corps allemand) : Commandant, Général WITTICH

43ᵐᵉ brigade : Colonel KONTZKI
- 32ᵐᵉ régiment d'infanterie
- 95ᵐᵉ id.

44ᵐᵉ brigade : Général SCHKOPP
- 83ᵐᵉ régiment d'infanterie
- 94ᵐᵉ id.
- 13ᵐᵉ régiment de hussards

2ᵐᵉ Division de cavalerie prussienne : Commandant, Général comte de STOLBERG

3ᵐᵉ brig. de cavalerie : Gén. COLOMB
- 1ᵉʳ régiment de cuirassiers
- 2ᵐᵉ régiment de uhlans

4ᵐᵉ brig. de cavalerie : Gén. BARNEKOW
- 1ᵉʳ régiment de hussards
- 5ᵐᵉ id.

5ᵐᵉ brig. de cavalerie : Gén. BAUMBACH
- 4ᵐᵉ régiment de hussards
- 6ᵐᵉ id.

4ᵐᵉ Division de cavalerie prussienne : Commandant S. A. R. le Prince ALBRECHT de Prusse

8ᵐᵉ brig. de cavalerie : Gén. HONTHEIM
- 5ᵐᵉ régiment de cuirassiers
- 10ᵐᵉ régiment de uhlans

9ᵐᵉ brig. de cavalerie : Gén. BERNHARDI
- 1ᵉʳ régiment de uhlans
- 6ᵐᵉ id.

10ᵐᵉ brig. de cavalerie : Gén. KROSIGK
- 2ᵐᵉ régiment de hussards
- 14ᵐᵉ id.

PREMIÈRE PÉRIODE

(15 Septembre — 9 Novembre 1870)

I

Paris venait d'être cerné, une partie du gouvernement de la Défense nationale s'était transporté à Tours, pour diriger et centraliser l'organisation de la lutte, dont le suprême objectif devait être, la délivrance de Paris et l'expulsion de l'ennemi qui avait envahi notre territoire.

Qu'on veuille bien me permettre ici quelques observations à cet égard.

Sans aborder en aucune façon le terrain politique, que je tiens absolument à éviter dans ces pages, je ne puis m'empêcher de rappeler, en peu de mots, la situation des esprits à cette époque.

Le *Quatre-Septembre* avait porté au pouvoir onze députés de Paris, qui, sous la présidence du gouverneur de la ville, s'étaient constitués en gouvernement provisoire.

Une inspiration heureuse d'un des membres de ce gouvernement fit annoncer à la France la révolution accomplie, en même temps que l'établissement d'un *Gouvernement de la Défense nationale*.

Cette inspiration, dont le mérite appartient, quoi qu'on en ait dit, à M. Gambetta, et nullement à M. Rochefort, explique, jusqu'à un certain point, le semblant d'apathie avec lequel les départements ont accepté cette révolution essentiellement *Parisienne* et ce pouvoir entièrement *Parisien*.

On eût pu discuter un gouvernement provisoire : c'eût été presque un crime de lèse-nation que de ne pas reconnaître un *Comité de Défense nationale*, alors que l'ennemi était aux portes de la capitale.

Mais il faut bien le dire, sauf deux ou trois noms, plus connus par la part qu'ils avaient prise, depuis plusieurs années aux débats de la Chambre tous les membres de ce gouvernement étaient inconnus ou oubliés en Province.

Les premiers jours qui suivirent le *Quatre-*

Septembre, furent consacrés, un peu trop exclusivement peut-être, à des changements de personnel dans les différentes administrations.

Il y eut bien des heureux pendant huit jours. Les désastres sans précédent qui venaient d'accabler la France semblaient oubliés, au milieu des cris de joie qui saluaient l'avénement de la République.

Rien n'est contagieux comme l'illusion. Les gens les plus froids et les plus terrassés par nos revers se laissaient aller à l'espoir. On se souvenait, malgré soi, des victoires de la première république, et l'on étouffait en soi-même la voix de l'implacable raison, qui rappelait la distance qui sépare les mousquets de 1792 des dreyse et des chassepots de 1870.

Les membres du gouvernement furent les premiers à encourager ces illusions, qu'ils partageaient, du reste, je n'hésite pas à le croire. Les torrents de larmes qu'ils versaient, trop bruyamment peut-être, sur les malheurs de la France, ne les empêchaient nullement de savourer les jouissances du triomphe et du pouvoir.

La nature humaine est ainsi faite, et je ne crois pas qu'il soit possible à M. Favre, non plus qu'à M. Gambetta, de nier que la confiance qu'ils témoignaient dans l'issue de la lutte ne fût parfaitement hypothétique ou théorique et qu'elle n'était basée ni sur une étude sérieuse et approfondie des ressources de la France, ni sur un sentiment de valeur personnelle, analogue à celui qui pouvait faire dire à l'empereur Napoléon Ier, battu et presque entouré par les armées alliées : *Je suis plus près de Berlin qu'ils ne le sont de Paris.* Cette confiance, j'allais presque dire cette fatuité républicaine, eut pour résultat immédiat un certain abandon de ce qui aurait dû primer, dès le premier jour, toutes les autres questions.

Le gouvernement de la *Défense nationale* n'avait de raison d'être qu'autant qu'il ne s'occuperait que de *Défense nationale*.

Paris investi, ou menacé de l'être, c'était au dehors, dans quelque ville du centre, que le gouvernement tout entier devait se transporter. Le gouverneur de Paris, seul responsable de la défense de la capitale, n'avait que faire, dans une ville assiégée, d'un ministre des affaires étrangères, non plus que d'un ministre de l'intérieur ou de l'instruction publique. Leur présence ne pouvait que le gêner, et contrarier la liberté d'action que la loi lui avait assuré.

Malheureusement, les membres du gouvernement n'en jugèrent pas ainsi. Des considérations politiques leur firent adopter une ligne de conduite diamétralement opposée. Ils s'étaient plaints jusqu'au dernier jour pourtant de ce que les opérations militaires de l'Empire fussent sacrifiées à des intérêts politiques ; ils étaient au pouvoir depuis dix jours à peine, qu'ils imitaient ce qu'ils avaient blâmé jusqu'alors.

Une délégation des différents ministères fut envoyée à Tours pour y représenter le gouvernement. Cette délégation devait être présidée par M. Crémieux, auquel on adjoignit quelques jours plus tard M. Glais-Bizoin.

Pour dire ma pensée toute entière, je crois très-sincèrement, et quelque extraordinaire que ce puisse paraître, qu'au moment où ces décrets furent signés, aucun des membres du gouvernement ne croyait à la possibilité d'un blocus absolu de la capitale. On imaginait, sans doute, que la province resterait toujours en relation avec Paris, et que toutes les questions graves se décideraient au siége même du gouvernement. La mission confiée dans l'origine à MM. Crémieux et Glais-Bizoin était donc d'une toute autre nature que celle qu'ils ont été appelés à remplir, et si les membres du gouvernement avaient pu prévoir, le 12 septembre, que huit jours après ils ne communiqueraient plus avec la France qu'au moyen de ballons et de pigeons, sans aucun doute leurs résolutions eussent été toutes différentes.

Quoi qu'il en soit, M. Crémieux arriva à Tours le 13 septembre, en compagnie d'un certain nombre d'employés des différents ministères. L'amiral

Fourrichon, ministre titulaire de la marine, devait diriger par intérim la délégation du ministère de la guerre. Le général Lefort, directeur de la cavalerie, devait lui servir d'adjoint pour les détails du service.

Ces quelques lignes indiquent surabondamment jusqu'à quel point on se faisait illusion dans les conseils du gouvernement. Le ministère le plus important, le ministère qui devait, en quelque sorte, effacer tous les autres, était dirigé par un marin absolument étranger aux rouages de cette colossale administration, et l'on n'avait pu lui donner comme adjoint qu'un officier de cavalerie, d'une compétence indiscutable pour tout ce qui concernait son service spécial, mais qui n'était nullement au courant des affaires ressortissant des autres directions.

Le directeur de l'infanterie, le directeur du bureau des états-majors, l'intendant chargé de la direction supérieure des différents services administratifs, le directeur de l'artillerie restaient pendant ce temps à Paris avec le ministre lui-même, dont la situation était complétement faussée, car il était à la fois le supérieur hiérarchique du général Trochu, gouverneur de Paris, et le subordonné du même général Trochu, président du gouvernement.

Je me ferais scrupule de reproduire ici ces arguments trop souvent répétés, si je n'avais besoin de rappeler exactement la situation dans laquelle se trouvait le pays au moment où les troupes Allemandes apparurent pour la première fois dans le bassin de la Loire.

Le gouvernement de la Défense nationale, en arrivant au pouvoir, avait trouvé sur la table de ses délibérations un arrêté du général comte de Palikao appelant à Paris *cent mille mobiles.*

Comme de raison, on avait choisi les bataillons dont l'équipement et l'organisation semblaient le plus avancés, et le mouvement de ces troupes était en voie d'exécution au moment de la révolution du *Quatre-Septembre.*

Les derniers ministres de l'Empire avaient, quoi qu'on ait pu dire, consacré tous leurs soins et tous leurs efforts à l'organisation de la défense.

Le public ne peut se rendre compte des difficultés innombrables qu'ils eurent à surmonter. Il ne juge que des résultats acquis. L'organisation de la garde nationale mobile, dont les détails avaient été confiés au ministre de l'intérieur, fera toujours honneur à M. Chevreau.

Il fallait créer tout d'une pièce une armée de plus de *cinq cent mille hommes.*

Dans l'espace de vingt jours, entre le 10 et le 30 août, on organisa près de *quatre cents bataillons,* on les équipa tant bien que mal, et dès le 29 du même mois, on put diriger sur Paris 90 bataillons, armés et munis d'un équipement et d'un habillement provisoire.

Trois cents bataillons restaient en province continuant à s'organiser, à s'équiper, et n'attendant que des fusils pour entrer en ligne. Il importe d'insister sur cette situation, car ce sont ces bataillons qui formèrent par la suite le véritable noyau des armées de province.

En fait de troupes de ligne, il ne restait plus absolument que des dépôts et des régiments de marche formés sous l'administration du comte de Palikao.

On fit revenir en toute hâte d'Algérie toutes les troupes disponibles et jusqu'aux compagnies disciplinaires. On poursuivit l'organisation des régiments de marche et l'on *décréta* la formation d'une *Armée de la Loire.*

Le général de Polhés fut nommé provisoirement au commandement supérieur des différents corps de troupes que l'on dirigeait sur Orléans. Vers le 20 septembre, il avait sous ses ordres environ quinze mille hommes, dont un petit nombre seulement de soldats ayant déjà servi. Les autres étaient des engagés volontaires ou des mobiles.

Il est juste de dire, du reste, que ce petit noyau de troupes grossissait chaque jour, en présence des renforts qu'on ne cessait d'expédier de Tours. Mais il faut convenir, d'autre part, que la constitution proprement dite de l'*Armée de la Loire* était singulièrement retardée, par suite de l'inexpérience des organisateurs et par suite du nombre trop restreint d'employés qu'on avait emmenés de Paris.

II

C'est vers le 20 septembre que les avant-gardes de l'armée ennemie furent signalés pour la première fois au-delà d'Etampes et sur la route d'Orléans.

C'étaient des colonnes de cavalerie qui, suivant le système adopté par les généraux Allemands, s'avançaient à une très-grande distance dans l'intérieur du pays, afin de le reconnaître et d'obtenir, par voie d'intimidation, tous les renseignements qui pouvaient être utiles aux différents états-majors.

Vers le 25 septembre, quelques détachements de cavaliers Allemands s'avancent jusqu'à la lisière de la forêt d'Orléans, annonçant, selon leur habitude, qu'ils ne sont que les précurseurs d'un certain nombre de régiments, de brigades et de divisions.

L'imagination populaire, qui paraît avoir été, en quelque sorte, terrorisée par ce mot de *uhlans*, grossit aussitôt la nouvelle. Orléans va être attaqué, la ville va être bombardée, les troupes qui s'y trouvent et dont l'organisation est à peine terminée, vont être enlevées : tel est le bruit qui ne tarde pas à se répandre.

Toute la journée du 26 se passe dans des transes mortelles et vers le soir, le général de Polhés, effrayé du poids de la responsabilité qui lui incombe, se décide à faire passer ses troupes sur la rive gauche de la Loire et à se retirer en Sologne.

Cependant, la journée du 27 et celle du 28 se passent et l'ennemi ne paraît pas; tout au contraire, on apprend que les cavaliers signalés l'avant-veille se sont repliés vers le Nord, et tout aussitôt le sentiment public, dégagé des inquiétudes qui l'ont absorbé pendant trois jours, se réveille, et le préfet, se faisant l'organe de ses administrés, reproche avec violence au général de Polhés l'abandon de la ville et proteste, auprès du gouvernement de Tours, d'accord avec les journaux de la localité, contre la conduite de cet officier général, ancien officier d'ordonnance du roi Louis-Philippe, ancien colonel des zouaves de la garde impériale et tout récemment encore commandant l'une des divisions de l'armée d'occupation de Rome.

Les républicains n'hésitaient point à soupçonner de trahison un vieux soldat, dont les états de service renfermaient des titres aussi suspects.

Le gouvernement, qui sentait que le général de Polhés, avec ses quinze mille hommes, n'aurait positivement pas pu supporter une attaque sérieuse de l'ennemi, et qui, d'un autre côté, n'avait pas alors à sa disposition un assez grand nombre d'officiers généraux pour pouvoir les changer au gré des journalistes et des orateurs des réunions publiques, fit insérer, à l'*Officiel*, une justification de la conduite du général de Polhés, n'attribuant l'évacuation de la ville qu'à une ruse de guerre et blâmant les organes de la presse de ce que, par leur insistance, ils obligeaient le gouvernement à dévoiler à l'ennemi des projets aussi habilement dissimulés.

Cependant, on pressa davantage l'organisation de l'armée de la Loire. On en donna le commandement en chef au général La Motte Rouge, le général de Polhés conservant le commandement d'une division, tandis que les généraux Reyau, Sol et Marulaz commandaient trois autres divisions.

Voici quel était, le *4 octobre*, la composition de l'armée de la Loire :

Commandant en chef: général La Motte Rouge;
Chef d'état-major général : général Borel;
1re division : général Sol;
2e division : général Reyau;

3ᵉ division : général DE POLHÉS ;

4ᵉ division : général MARULAZ ;

Division de cavalerie : général MICHEL.

Elle comptait, à ce moment, près de 40,000 hommes, dont à peu près 10,000 soldats de ligne, 15,000 mobiles, 4,000 volontaires ou francs-tireurs, 3,000 hommes de cavalerie, 2,000 artilleurs et 4,000 hommes de troupes d'Afrique.

Toutes ces troupes étaient endivisionnées, mais il est facile de comprendre qu'il n'y avait que fort peu de liens entre les différents corps, et que la cohésion manquait d'une façon presque absolue; c'est là qu'il faut chercher la raison des échecs supportés par cette petite armée, qui s'est très-courageusement défendue, mais qui n'était pas en état de manœuvrer, en face de l'ennemi, comme l'auraient fait de vieilles troupes, et qui déjouait toutes les combinaisons tactiques du commandant en chef.

Le général La Motte Rouge avait disposé ses quatre divisions en avant d'Orléans sur les deux côtés de la route de Paris. Lui-même avait établi son quartier général à Chevilly, tandis que le général Reyau se trouvait, avec sa division et deux régiments de cavalerie, plus en avant encore, à Artenay. *(Voy.* pl. I.)

On n'était que très-mal renseigné sur les positions de l'ennemi et sur les forces dont il disposait de ce côté. Ses avant-postes étaient à Toury, ou plutôt Toury était le dernier village au Sud d'Etampes que l'on sût occupé par les Allemands.

Le général Reyau, dans le but de se procurer quelques renseignements sur les forces qu'il avait devant lui, se porte, le 5 au matin, avec cinq escadrons, trois bataillons d'infanterie et deux pièces de canons, en avant d'Arthenay, dans la direction de Toury. Il arrive bientôt jusque au village de ce nom, qu'il trouve faiblement occupé par un détachement de cavalerie Prussienne qui se retire à son approche.

Il interroge les habitants de Toury, et c'est par eux qu'il apprend que les troupes cantonnées aux environs appartiennent à la 4e division de cavalerie Prussienne, commandée par S. A. R. le prince Albrecht de Prusse.

Le général Reyau enlève un certain nombre de bœufs et de moutons que les Allemands avaient précédemment requisitionnés dans le pays, et ne voulant pas exposer sa petite troupe à un retour offensif de l'ennemi, il prescrit, vers trois heures, la retraite sur Arthenay.

Au moment où son arrière-garde quittait Toury, les renforts expédiés par l'ennemi entraient par le côté Nord du village ; quelques coups de sabre furent échangés entre l'avant-garde Allemande et les cavaliers chargés de couvrir la queue du convoi français, qui continua sa retraite sur Arthenay : c'est ce qui explique la dépêche communiquée aux journaux Allemands, qui annoncent qu'à la date du 5 octobre : *un engagement a eu lieu vers Toury, entre quelques bataillons de mobiles et des troupes de la 4ᵉ division de cavalerie, qui ont repoussé l'ennemi dans la direction d'Arthenay.*

Le général Reyau avait envoyé, de son côté, une dépêche à Tours, pour annoncer qu'il avait pleinement atteint l'objet qu'il s'était proposé, et qu'il avait, en outre, enlevé à l'ennemi un certain nombre de bœufs et de moutons. La Délégation transforma cette reconnaissance en *un combat* devant ouvrir à nos troupes la route de Paris.

Quoiqu'il en soit, l'état-major de Versailles reçut en même temps les deux dépêches : l'une du prince Albrecht, annonçant « qu'il avait rejeté sur Arthenay les colonnes qui s'étaient avancées contre lui, mais qu'il avait jugé prudent de se retirer dans la direction d'Etampes; » l'autre, communiquée à tous les journaux du continent par l'intermédiaire de l'Agence Havas, annonçant une victoire de nos armes.

Le général de Moltke ne laissa pas que de concevoir une certaine inquiétude. Il voulut se renseigner sur le véritable état des forces accumulées du côté d'Orléans.

Dès le 6 au soir, il expédiait au général Von der

Thann l'ordre de se porter, avec son corps d'armée et une division de cavalerie, dans la direction de Toury, et de s'avancer ensuite jusqu'à Orléans, en rejetant, sur l'autre rive de la Loire, les colonnes qu'il pourrait rencontrer sur son chemin. Une division d'infanterie Prussienne, détachée de l'un des corps qui cernaient la capitale, devait être mise à sa disposition pour lui servir de réserve, et la 4ᵉ division de cavalerie était également placée sous ses ordres.

Le général Von der Thann commandait le premier corps Bavarois qui, après avoir pris une part brillante à la bataille de Sedan, avait été dirigé sur Paris avec toute l'armée du Prince Royal. Il était cantonné, en seconde ligne, à Palaiseau et dans les villages environnants.

La 2ᵉ division de cavalerie (comte Stolberg) fut désignée pour accompagner le général Von der Thann, et la 22ᵉ division du 11ᵉ corps, qui se trouvait également en deuxième ligne, reçut l'ordre de suivre le mouvement du 1ᵉʳ corps Bavarois.

J'insiste sur ces détails, parce qu'ils offrent de l'intérêt au point de vue de cette question, si souvent agitée, de l'investissement de Paris et des forces que les Allemands pouvaient distraire de l'armée chargée de garder le blocus.

III

Dès le 7 au matin, le général Von der Thann quitte Palaiseau avec ses troupes et va coucher le même soir à Arpajon. Le lendemain 8, il était à Etampes, tandis que la 2ᵉ division de cavalerie Prusienne donnait déjà la main à la 4ᵉ division, en avant d'Angerville, que les avant-postes Français occupaient depuis le 6 octobre.

Le général La Motte Rouge avait divisé ses forces en trois colonnes.

La division Reyau occupait toujours la route de Paris, et dès le 6, elle s'était avancée toute entière sur Toury et l'avait occupé en poussant ses avant-postes jusque vers Angerville.

La division Polhés occupait la droite, dans la direction de Pithiviers. (*Voy.* pl. I.)

La division du général Sol occupait la gauche dans la direction de Chartres.

La division Marulaz était en réserve du côté d'Arthenay.

Le général Von der Thann avait également déployé ses masses. Deux brigades s'avançaient sur la route par Angerville vers Toury.

Une brigade occupait la gauche de la route et se dirigeait sur Méreville, tandis qu'une autre brigade se dirigeait, à droite, dans la direction de Chartres.

Les flancs du corps d'armée Bavarois étaient couverts par la 2ᵉ division de cavalerie Prussienne, à gauche, et par la 4ᵉ, à droite.

La 22ᵉ division était en réserve, et, dès le 9, elle couchait à Etampes.

Le général La Motte Rouge, averti de l'approche des forces ennemies, se hâta de concentrer ses troupes. Il rappela à lui, dès le 8, la division Polhés et fit porter en arrière, jusqu'à Arthenay, la division Reyau qui se trouvait à Toury. Néanmoins, une compagnie de volontaires : *les Partisans du Gers*, resta à Angerville.

Le 9 au matin, la cavalerie Prussienne, s'avançant sur ce village, fut assaillie par une vive fusillade. *Les Partisans du Gers* s'y étaient fortement établis et s'y défendirent avec une bravoure à laquelle les Allemands eux-mêmes rendirent justice, en taxant cette défense de *folie héroïque*. Ce n'est que vers midi qu'ils purent se rendre maîtres du village avec le concours des bataillons d'infanterie formant l'avant-garde du corps Bavarois. La compagnie des *Partisans du Gers* était en partie détruite, un tiers seulement de ces braves gens, n'ayant plus de munitions, avait dû se rendre au vainqueur.

La colonne Bavaroise, retardée par cet engagement, ne put s'avancer, le 9, que jusqu'à Toury, où elle passa la nuit.

Sur la gauche, la 2ᵉ division de cavalerie, en contrariant les mouvements de la division Polhés, l'avait obligé à prendre la route de Chilleurs-aux-Bois et de Loury et de se retirer directement jusqu'à Orléans. *(Voy.* pl. i.)

Le 10 octobre, dès huit heures, le général Von der Thann poursuivait sa marche et arrivait, vers dix heures, devant Arthenay, tandis qu'à sa droite l'une de ses brigades arrivait devant Patay, de façon à attaquer simultanément la ligne Arthenay-Patay, le long de laquelle les forces Françaises avaient pris position.

Le génénal Von der Thann fit mettre en batterie toute l'artillerie dont il disposait (plus de 80 pièces) et l'établit en avant de Pourpry, à peu près au centre de sa ligne de bataille. Il ouvre un feu terrible sur le front des forces Françaises, tandis que la 4ᵉ division de cavalerie tentait de déborder leur gauche et que la 2ᵉ division de cavalerie s'avançait sur leur droite. Une attaque aussi violente ne pouvait manquer de jeter un peu d'hésitation parmi de jeunes troupes, dont la plupart voyaient le feu pour la première fois.

Le général La Motte Rouge jugea prudent d'ordonner la retraite, qui s'opéra en ordre, dans la direction d'Orléans, couverte par deux régiments de zouaves, qui défendirent Arthenay avec un courage et une résolution dignes des plus grands éloges.

L'ennemi ne put se rendre maître du village que vers quatre heures, et le général Von der Thann y établit son quartier-général. La cavalerie Prussienne avait, malheureusement, jeté un peu de désordre dans notre colonne de gauche et avait pu nous enlever un millier de prisonniers et quelques pièces de canons.

Le 10 au soir, les forces Françaises étaient établies en demi-cercle en avant d'Orléans, dont elles couvraient les approches.

Les colonnes Allemandes, de leur côté, bivouaquaient, le 10 au soir, tout autour d'Arthenay.

La 22e division d'infanterie Prussienne (général Wittich), qui était en réserve jusqu'alors, avait été dirigée sur Pourpry, où elle passa la nuit, pour se porter, le lendemain, par Sougy, Huêtre et Boulay, sur Ormes, et de là sur Orléans. (*Voy.* pl. I.)

Le 11 octobre, dès six heures du matin, les colonnes Allemandes se mirent en mouvement. La 22e division formait leur droite et suivait la route que je viens d'indiquer. La 2e brigade Bavaroise s'avançait à droite de la grande route. Les 3e et 4e brigades s'avançaient sur la route même, se dirigeant sur Chevilly. La 1re brigade était en réserve. La 4e division de cavalerie formait l'extrême droite et devait s'avancer jusqu'à la Loire, afin de couper aux colonnes Françaises la route de Beaugency. La 2e division de cavalerie, à gauche, devait fouiller la forêt d'Orléans.

La 22e division Prussienne rencontra nos troupes fortement établies entre Boulay et Ormes. Notre artillerie, qui avait laissé les Allemands s'avancer à bonne portée, ouvrit un feu terrible sur leurs colonnes.

Le général Wittich fit mettre d'abord en batterie son artillerie divisionnaire, afin de pouvoir lutter contre la nôtre. Il fit demander, en même temps, au général Von der Thann de lui envoyer en toute hâte ce dont il pourrait disposer de la réserve d'artillerie.

Le combat se prolongea pendant près de cinq heures de ce côté. Malheureusement, à droite, nos colonnes s'étaient vu forcées d'abandonner Chevilly et de se replier sur le faubourg d'Orléans. Notre droite se trouvait découverte et l'on dut ordonner la retraite.

Les Bavarois, qui s'étaient emparés de Chevilly, ainsi que je viens de le dire, s'étaient avancés pendant ce temps jusqu'à Cercottes, qu'ils occupèrent sans trop de difficulté, et de là se dirigèrent sur le remblai du chemin de fer, dont ils se rendirent maîtres vers cinq heures.

Presque à la même heure, les Prussiens de la 22e division s'avançaient jusqu'à Ingré, à trois kilomètres seulement du faubourg Saint-Jean. Ils établirent leur artillerie divisionnaire et les pièces de réserve, que le général Von der Thann leur avait envoyé dès le matin, sur les hauteurs qui dominent de ce côté la ville d'Orléans, et qui sont entièrement couvertes de vignobles.

A cinq heures du soir, ils ouvrirent le feu sur la ville, tandis qu'à leur gauche les Bavarois s'élançaient à l'assaut de la gare des Aubraies et du faubourg Saint-Jean, où ils furent reçus par une violente fusillade.

Néanmoins, au bout d'une heure, le maire d'Orléans, précédé d'un parlementaire portant le drapeau blanc et suivi de quelques membres du corps municipal, vint annoncer que les troupes Françaises évacuaient la ville. Il demanda, en conséquence, la suspension du bombardement, s'offrant de garantir aux troupes Allemandes l'entrée libre dans la ville.

Le général Von der Thann accueillit ces propositions, et, vers onze heures du soir, il fit son entrée à la tête de ses troupes.

Le général La Motte Rouge, voyant que la position n'était plus tenable, avait fait passer ses troupes sur la rive gauche de la Loire, et s'était dirigé, par la route de Vierzon, sur la Ferté-Saint-Aubin. Malheureusement, un certain nombre de traînards étaient restés en arrière, et l'ennemi s'en était emparé, en même temps que du parc d'artillerie qu'on avait dû laisser à Orléans, faute de moyens de transport.

Les instructions du général Von der Thann ne lui prescrivaient point d'étendre sa ligne d'opérations au-delà d'Orléans; il devait fortement s'établir dans cette ville, en employant les deux divisions de cavalerie, qu'il avait sous ses ordres à faire des reconnaissances dans la direction de Vierzon et de Bourges et en même temps sur les deux rives de la Loire, en amont et en aval de la ville d'Orléans. Il devait, en outre, donner la main aux colonnes de cavalerie qui battaient la contrée vers Chartres et se relier, de cette façon, avec le grand quartier-général de l'armée à Versailles.

Pour se conformer à ces ordres, le général Von der Thann portait, dès le 12 octobre, la 2e division de cavalerie sur la rive gauche de la Loire, en lui prescrivant de fouiller la Sologne sans pourtant s'éloigner par trop de sa base d'opérations.

La 4e division de cavalerie (prince Albrecht) devait battre, pendant ce temps, les deux rives de la Loire.

Une de ses brigades occupait, dès le 14, la ville

de Beaugency, à vingt-cinq kilomètres au-dessous d'Orléans, pendant qu'une autre s'emparait, le même jour, des villages de Jargeau et de Sully, en amont du fleuve.

La ville d'Orléans dut payer une contribution de deux millions de francs, et dut subvenir, en outre, au logement de tout le corps Bavarois et de la 22ᵉ division Prussienne.

Cependant, dès le 16, et sur des ordres venus de Versailles, cette dernière division quittait Orléans et se dirigeait par Saint-Péravy sur Châteaudun, que l'on savait occupé par des colonnes Françaises, dont on ne connaissait point la force.

La 4ᵉ division de cavalerie recevait, en même temps, l'ordre de ne laisser que des détachements dans les villages occupés par elle, sur les bords de la Loire, et d'aller rejoindre, à Saint-Péravy, la 22ᵉ division d'infanterie.

Le lendemain 17, les deux divisions combinées continuèrent leur route vers Châteaudun et vinrent camper tout auprès de cette ville, entre les deux villages de Saint-Cloud et d'Ozoir-le-Breuil. *(Voy.* pl. II).

Châteaudun était occupé à ce moment par un bataillon de francs-tireurs, bien connu des Parisiens qui avaient pu les voir, pendant les quelques jours qui suivirent le Quatre-Septembre, campés dans la cour du Ministère de l'Intérieur. Ce bataillon, commandé, alors par M. Jules Arrohnsonn, avait été dirigé, vers le 10 septembre, sur Fontainebleau pour défendre la forêt du même nom. Il était venu ensuite à Tours pour obtenir du gouvernement d'être employé d'une façon plus active.

Un ancien officier Polonais avait été appelé à prendre le commandement supérieur de cette troupe; on l'avait expédié, vers le 7 octobre, à Châteaudun où se trouvaient déjà quelques autres corps-francs, formant ainsi l'extrême gauche de l'armée de la Loire. Le colonel Lipowski était un officier d'une énergie à toute épreuve et d'un caractère admirablement adapté à la guerre de partisans.

Il fit mettre la ville de Châteaudun en état de défense, fit barricader toutes les rues et couper tous les abords. Il fit appel à la bonne volonté et au patriotisme des habitants de la ville, leur fit distribuer des armes, fit éloigner, autant que possible, toutes les bouches inutiles et déclara qu'il était décidé à se défendre jusqu'à la dernière extrémité.

Le 18 octobre, dès le matin, la division Wittich se dirigeait sur Châteaudun. L'une de ses brigades devait attaquer la ville à l'Est et s'emparer de la gare du chemin de fer, qui forme, en quelque sorte, la clef de la position, de ce côté.

La seconde brigade devait s'avancer par le Sud en compagnie de l'artillerie divisionnaire et des batteries à cheval de la division de cavalerie. Cette colonne devait attendre l'effet produit par le bombardement de la ville avant que de s'élancer à l'assaut.

La 4ᵉ division de cavalerie devait se porter à l'Ouest de Châteaudun, afin de couper la retraite aux troupes qui voudraient se retirer de ce côté.

Les têtes de colonnes Allemandes durent débusquer d'abord les avant-postes Français des villages et des fermes qui entourent Châteaudun. Ce n'est que vers deux heures qu'on put commencer l'attaque de la ville proprement dite. Les batteries divisionnaires furent établies sur le remblai du chemin de fer qui contourne la ville et qui la domine dans presque tout son parcours. Elles ouvrirent tout aussitôt une violente canonnade.

Pendant ce temps, la 1ʳᵉ brigade (43ᵉ Kontzki) attaquait la gare, à l'Est de la ville. Après une lutte des plus acharnées, le 95ᵉ régiment parvenait à s'en rendre maître et s'élançait aussitôt sur les portes de la ville.

Pendant ce temps, le 32ᵉ régiment, qui avait essayé de franchir l'enceinte plus sur la gauche, subissait des pertes considérables.

Enfin, à la faveur du bombardement que les batteries placées au Sud de la ville entretenaient d'une façon incessante, la 43ᵉ brigade, soutenue par un régiment de la 44ᵉ, put franchir les portes de Châteaudun. Mais la lutte, loin d'être finie, n'en devint que plus meurtrière : il fallut prendre chaque rue, chaque maison, chaque étage. Les francs-tireurs avaient crénelés tous les murs et entretenaient une fusillade effroyable.

On dut faire venir les sapeurs pour pratiquer des cheminements à travers les maisons ; et le bombardement continuant toujours, les obus frappaient indistinctement les Français ou les Allemands. Plus de vingt maisons étaient en feu sans que personne songeât à éteindre les incendies.

La lutte se continue de cette façon jusque vers trois heures du matin. A ce moment seulement, le colonel Lipowski, réunissant autour de lui les débris de sa troupe, se lance intrépidement sur les Allemands qui veulent lui barrer le chemin, perce leurs lignes et se retire à la faveur de la nuit dans la direction de Brou. La division Wittich était en possession de Châteaudun, mais cette victoire lui avait coûté des pertes considérables.

Toute la journée du 19 fut consacrée à relever les blessés, qu'on dirigea autant que possible sur Orléans. En même temps, on fouillait les maisons, on désarmait les habitants et l'on s'emparait d'un certain nombre de francs-tireurs blessés ou éclopés qui n'avaient pu rejoindre leur troupe dans le courant de la nuit.

La défense de Châteaudun constitue, sans contredit, l'un des faits les plus honorables de cette malheureuse campagne ; le récit que j'en ai donné, presque entièrement emprunté à des récits Allemands, prouve surabondamment l'impression que cette journée a laissée dans l'esprit de nos ennemis. Plus du tiers de la ville n'était plus qu'un monceau de ruines.

Cependant la tâche de la division Wittich (22e) n'était pas achevée. Ses instructions lui prescrivaient d'aller prendre possession de la ville de Chartres. Dès le 20 octobre au matin, et malgré les pertes considérables qu'elle avait subies, elle se mettait en route et se dirigeait par Bonneval sur Vitraye, à 22 kilomètres de Châteaudun. Il y eut quelques coups de fusils échangés sur la route avec des groupes isolés de francs-tireurs qui s'étaient réfugiés dans les bois bordant les deux côtés de la route.

Le quartier général Prussien fut établi pour la nuit à Vibraye, tandis que la cavalerie s'avançait jusqu'à Saint-Loup.

Le lendemain, 21 octobre, ils poursuivirent leur marche sur Chartres.

Cette ville n'était occupée à ce moment que par quelques détachements de mobiles, à peine organisés, armés seulement de vieux fusils tirés des greniers de quelque dépôt. Toute idée de résistance était donc impossible ; c'eût été une lutte *inutile*, puisqu'aucune opération militaire n'était engagée dans les environs et qu'il n'y avait aucun intérêt à retarder la marche de l'ennemi en sacrifiant une ville contenant des monuments précieux de notre histoire nationale.

Une délégation du Conseil municipal fut envoyée en conséquence aux avant-postes Allemands et l'on conclut une convention aux termes de laquelle le général Wittich accordait deux heures aux troupes qui occupaient la ville pour l'évacuer. Il s'obligeait en même temps à ne frapper la ville d'aucune contribution extraordinaire, à la condition qu'on ferait droit aux réquisitions qu'il serait obligé de signer pour subvenir à la nourriture et à l'entretien de ses troupes.

Dès trois heures de l'après-midi, le général Wittich faisait son entrée dans la ville à la tête de sa division et de la 4ᵉ division de cavalerie.

La mission qui lui avait été confiée était dèslors remplie et dès le soir même il fit partir un de ses officiers pour Versailles, afin d'en rendre compte au Prince Royal, son chef direct, en qualité de commandant supérieur de la 3ᵉ armée, dont le 11ᵉ corps faisait partie.

J'ai tenu à donnner en bloc tous les détails de cette expédition, parce qu'ils complètent en quelque sorte, l'histoire de la première occupation d'Orléans.

Le général Von der Thann se trouvait toujours

dans cette ville avec deux divisions de son corps d'armée ; la 2ᵉ division de cavalerie continuait ses reconnaissances et ses réquisitions en Sologne.

Les troupes du général La Motte Rouge étaient établies vers Salbris, sur la rive gauche de la Souldre, dans une assez forte position, où l'on avait installé une sorte de camp retranché. Le général La Motte Rouge avait offert sa démission et le gouvernement avait nommé à sa place le général d'Aurelles de Paladines.

L'ex-armée de la Loire devint le 15ᵉ corps d'armée; tous les généraux de division furent changés et l'on s'occupa de reconstituer une nouvelle *Armée de la Loire*, dans des proportions bien plus considérables que la première.

Le 15ᵉ corps devait former l'un des éléments et, en quelque sorte, le noyau de cette nouvelle armée.

IV

Ici, quelques explications sont nécessaires, au sujet des changements qui s'étaient produits dans le personnel de l'administration et de la direction des opérations militaires.

M. Gambetta avait quitté Paris, en ballon, le 7

octobre. Il était tombé le même jour tout près de Beaumont, dans le département de l'Oise, et sans perdre un instant, il s'était dirigé, par Amiens, Rouen et le Mans, sur Tours, où il arriva dans la journée du 9.

Il était muni des pleins pouvoirs du gouvernement de la Défense nationale, de sorte que sa position était plutôt celle d'un *dictateur*, et le rôle de ses collègues, MM. Crémieux et Glais-Bizoin, se borne dès ce jour à contresigner les décrets rendus par *lui*.

Il est peu de personnalités dans l'histoire qui aient été aussi vivement discutées que celle de M. Gambetta.

Il a des admirateurs passionnés ; il a des ennemis et des détracteurs en nombre tout aussi considérable.

Je n'ai point trouvé jusqu'à ce jour d'étude réellement satisfaisante sur le caractère et les actes du jeune dictateur ; on ne l'a toujours envisagé qu'à un seul point de vue ; les uns en ont fait un héros presque légendaire, les autres l'ont traité d'ambitieux et de fou.

D'après les documents de toute nature que j'ai pu me procurer, j'ai tâché à mon tour de me faire une idée de cette étrange personnalité qui tient une place si considérable dans l'histoire de notre dernière campagne.

Je crois que M. Gambetta est un patriote dans toute l'acception du mot. Il possède incontestablement un talent oratoire des plus remarquables.

Il a une facilité merveilleuse à s'assimiler les idées que l'on développe devant lui ; il les revêt des formes les plus brillantes et les expose, à son tour, avec une véhémence et une énergie incomparables ; il tient infiniment plus du tribun que de l'orateur.

Pendant les dernières années de l'Empire, après que les élections de 1869 l'eurent porté à la Chambre, il devint en quelque sorte le porte-voix d'un groupe de républicains appartenant à cette classe d'ennemis du gouvernement qu'il a lui-même appelé « *les irréconciliables.* »

Je ne crois pas me tromper en affirmant que M. Gambetta vaut infiniment mieux que son entourage ; je n'en veux pour garant que l'indignation qu'il témoigna publiquement à la Chambre après la tentative blanquiste du 14 août 1870, plus connue généralement sous le nom d'affaire de la Villette. Ses amis politiques lui ont souvent reproché depuis ce qu'ils considéraient comme une apostasie de sa part.

Néanmoins, il faut bien en convenir, M. Gambetta se laisse influencer avec une facilité qu'expliquent à la fois et sa nature nerveuse et mal portante, et l'insuffisance de ses connaissances en certaines matières.

Il sait, par exemple, qu'il ne pourrait soutenir une discussion philosophique contre M. Ranc, non plus qu'une discussion économique avec M. Laurier, et dès-lors il accepte, comme paroles d'Evangile, les théories que ces messieurs se plaisent à lui imposer.

J'ai dit tout à l'heure que M. Gambetta était un patriote dans toute l'acception du mot : c'est ainsi que le jugeaient les journaux Allemands, qui ne manquaient jamais l'occasion pourtant de railler son ardeur trop bouillante.

M. Gambetta croyait-il réellement à la possibilité d'une issue favorable à nos armes? ou bien ne voyait-il dans la prolongation de la lutte qu'un moyen de continuer sa dictature et de vulgariser les principes républicains dont il se faisait l'apôtre.

Je suis porté à croire qu'il y avait un peu de l'un et de l'autre. Les flatteurs de la veille et ceux, bien plus nombreux, du jour même, lui avaient inspiré un sentiment de suffisance bien explicable dans une nature aussi nerveuse.

M. Gambetta se croyait un homme nécessaire, je dirai presque un homme providentiel.

Il avait la conviction que la République ne pouvait être fondée que par la victoire : il se croyait très-sincèrement envoyé par la destinée pour organiser cette victoire.

C'est là ce qui explique, il me semble, bien des traits qui paraissent contradictoires.

Tous les moyens lui semblaient bons pour arriver à son but : *la victoire*.

Il la désirait à la fois et comme Français et comme républicain. Il voulait la lutte à outrance, parce qu'il avait le sentiment intime, à tort ou à raison, que la défaite de la France serait en même temps le coup de mort de la République.

A peine débarqué à Tours, il se met à l'œuvre avec une ardeur fébrile : il travaille nuit et jour, il va lui-même tantôt à Besançon, tantôt à Lille, tantôt à Lyon et tantôt à Laval, afin de stimuler les courages et d'infiltrer, en quelque sorte, dans l'âme de ses auditeurs un peu de cette ardeur dont tout son être semble déborder. *Sursum corda!* s'écrie-t-il et ce n'est pas de l'affectation chez lui, il sent bien ainsi qu'il parle ; tous ses désirs, tous ses vœux, toutes ses croyances sont en jeu, et dès-lors rien d'étonnant à le voir animé de cette passion dont on a si souvent suspecté la sincérité.

M. Gambetta était donc arrivé à Tours dans la journée du 9 octobre.

Il prit immédiatement la direction du ministère de la guerre et appela auprès lui M. de Freycinet, ingénieur des chemins de fer, pour diriger les différents services, en qualité de *délégué* du ministre de la guerre.

La nouvelle administration entrait en fonction le 10 octobre et, c'est une justice à lui rendre, elle fit tous ses efforts pour hâter la réunion d'une armée et l'organiser de son mieux.

On apprit le 12 au matin l'échec subi la veille par l'armée du général de La Motte Rouge et l'occupation d'Orléans par l'armée Bavaroise.

On se mit à l'œuvre sans perdre un seul instant.

Les officiers faisaient défaut, on s'adressa d'abord à la marine et l'on employa tous ceux dont on pouvait disposer. On imagina, en outre, de donner des commissions provisoires à un grand nombre d'ingénieurs, d'architectes et d'autres spécialistes, et l'on put, de cette façon, recruter un corps d'étatmajor auxiliaire et un corps du génie auxiliaire, un peu inexpérimentés, sans doute, mais dont la bonne volonté, le patriotisme et les connaissances spéciales permirent plus tard de tirer un excellent parti. On fit venir des arsenaux de la marine tous les canons disponibles, de tout modèle et de tout calibre. On conclut des marchés considérables, afin de se procurer dans le plus court délai possible, les armes et les effets d'équipement et d'habillement dont on avait absolument besoin.

On a beaucoup attaqué ces marchés, et je crois, en effet, qu'il y eut pendant toute cette campagne, aussi bien en province qu'à Paris, des vols scandaleux. L'administration, sans doute, eut le tort de ne pas s'entourer d'hommes spéciaux ou tout au moins d'hommes connus par leur honorabilité et leur probité. Loin de moi la pensée de vouloir excuser ceux qui portent aujourd'hui la responsabilité des faits qui ont été révélés depuis, je ne fais que constater, et je tâche de trouver une explication à cet immense désordre, que les rapports de la commission d'enquête nous ont fait connaître. Comme je l'ai dit plus haut, M. Gambetta ne s'ocpait que du but à atteindre ; il n'avait, je pense, ni la volonté, ni même le temps matériel de s'enquérir des détails.

Quoi qu'il en soit, dès le 14 octobre, le général d'Aurelles de Paladines était appelé au commandement du 15ᵉ corps, formé des débris de la 1ʳᵉ armée de la Loire. Il reçut l'ordre de s'établir fortement sur la rive gauche de la Sauldre, vers Salbris, et d'étendre sa droite dans la direction d'Aubigny, le long de la route qui conduit vers cette ville.

On lui expédia successivement des renforts qui portèrent son effectif jusqu'à près de 60,000 hommes. On s'occupait en même temps de former d'autres corps d'armée. Le 16ᵉ, placé d'abord sous les ordres du général Pourcet, fut établi entre Blois et Vendôme, masqué par la forêt de Marchenoir, qui le dérobait à la vue et aux reconnaissances de la cavalerie ennemie. Les 17ᵉ, 18ᵉ et 20ᵉ corps furent organisés quelques jours plus tard, et dès la seconde quinzaine de novembre, le 19ᵉ et le 20ᵉ corps étaient également en voie de formation, pendant que, dans le Nord, les 22ᵉ et 23ᵉ corps luttaient sous le commandement du général Faidherbe.

Voici quelle était donc la situation de nos forces à la date du 21 octobre, jour de l'occupation de Chartres par la 22ᵉ division d'infanterie Prussienne.

Le 15ᵉ corps, sous les ordres du général d'Aurelles de Paladines, à Salbris, gardant la route de Vierzon ; sa 1ʳᵉ division, sous les ordres du général Martin des Pallières, à Aubigny, sur la droite, gardant la route de Bourges.

Il avait en face de lui le 1ᵉʳ corps Bavarois, qui occupait Orléans, et la 2ᵉ division de cavalerie Prussienne, dont les avant-postes s'avançaient jusqu'à la Mothe-Beuvron.

Le 16ᵉ corps, sous les ordres du général Pourcet, était établi entre Vendôme et Blois, sa droite appuyée à la Loire, sa gauche au Loir. Son extrême gauche était couverte par les différents corps qui venaient de défendre si brillamment la ville de Châteaudun sous les ordres du colonel Lipowski. Sa droite était protégée sur l'autre rive de la Loire par les volontaires de l'Ouest, sous le commandement du général Cathelineau, qui venait de prendre possession du parc et du château de Chambord.

Ce corps était menacé de front par les Bavarois qui occupaient Orléans et sur sa gauche par la 22ᵉ division d'infanterie et la 4ᵉ division de cavalerie Prussienne, qui occupaient Châteaudun et Chartres.

A l'Ouest, on réunissait tous les bataillons de mobiles disponibles au camp de Conlie, et plus au Nord, le général Fierek était chargé avec d'autres bataillons de mobiles de la défense du Perche et des abords du Mans.

V

L'objectif immédiat de toutes les forces disponibles en province devait être la délivrance de la capitale, et comme on n'avait aucun renseignement exact sur la quantité de vivres et de provisions dont Paris pouvait disposer, il était nécessaire d'agir dans le plus bref délai possible.

Plusieurs plans furent successivement discutés. Différentes considérations de nature à la fois stratégique et politique firent adopter celui qui consistait dans un mouvement offensif dans la direction d'Orléans à Paris.

Il fallait d'abord reprendre Orléans, afin de relever, par la nouvelle d'un succès les courages, et les esprits, que nos derniers échecs avaient singulièrement abattus dans un grand nombre de départements.

On décida d'attaquer la ville par deux côtés à la fois sur la rive droite de la Loire. A cet effet, le général Martin des Pallières, avec la 1re division du 15e corps, dont l'effectif dépassait de beaucoup celui des divisions ordinaires, devait passer la Loire en amont du fleuve vers Gien, afin de se rabattre ensuite sur Orléans en suivant les routes parallèles au cours du fleuve. Les deux autres divisions du 15e corps concuremment avec le 16e corps, devaient attaquer la ville par l'Ouest et le Nord-Ouest à la fois, en donnant la main à la division des Pallières à travers la forêt d'Orléans, afin de couper la retraite aux Bavarois. (*Voy.* pl. I.)

Cette opération devait s'effectuer dans les derniers jours d'octobre sous la direction supérieure du général d'Aurelles de Paladines, mais diverses circonstances, parmi lesquelles il faut citer principalement les bruits de négociations et d'armistice qui se répandirent à cette époque, firent retarder le mouvement. Néanmoins, la 2e et la 3e division du 15e corps furent transportées, dès le 25 octobre, par le chemin de fer de Vierzon à Tours et de là jusqu'à Blois ; la division des Pallières s'étendait en même temps, sur la droite et occupait fortement la petite ville de Gien.

Pour masquer tous ces mouvements à l'ennemi, on fit occuper le camp de Salbris par quelques bataillons de mobiles, et l'on fit annoncer bruyamment, par toutes les voies usitées en pareille circonstance, que le service du chemin de fer, entre Tours, Le Mans et la Bretagne, était suspendu jusqu'à nouvel ordre.

L'ennemi, cependant, prévoyant l'imminence d'une attaque, concentrait ses troupes autour d'Orléans, et le général Von der Thann prévenait l'état-major général, à Versailles, que des forces considérables paraissaient le menacer.

Il semble que l'état-major Allemand n'ait pas fait grand cas des forces qu'on lui signalait comme étant en voie de formation. Sans doute que le comte de Moltke pensait, comme M. de Bismark, que nous ne pouvions réunir que des *agglomérations d'hommes armés* et non pas des soldats. Quoiqu'il en soit, on ne jugea point à propos, à Versailles, d'envoyer des renforts au général Von der Thann, et pendant les premiers jours de novembre, de même que vers la fin d'octobre, aucun mouvement de troupes n'est signalé dans cette région.

La 22e division d'infanterie restait à Chartres pendant que la 4e division de cavalerie poussait des reconnaissances et levait des réquisitions dans toutes les contrées environnantes.

Les premiers jours de novembre étaient cependant arrivés. M. Thiers était revenu de Versailles ; tout espoir d'armistice semblait abandonné.

Il importait plus que jamais de se hâter, et, dès le 6, le général d'Aurelles recevait l'invitation la plus pressante de ne point retarder davantage la mise à exécution du plan précédemment adopté.

Nos troupes occupaient, à ce moment, les positions suivantes : (*Voy.* pl. I et II.)

Les 2ᵉ et 3ᵉ division du 15ᵉ corps, en avant de Mer, appuyant leur droite à la Loire vers Avaray et se reliant, par leur gauche, à la droite du 16ᵉ corps, du côté de Marchenoir ; les avant-postes étaient à Beaugency.

Le 16ᵉ corps avait une division sur la ligne de Marchenoir, à Viévy-le-Reffaye, en arrière de la forêt de Marchenoir. Les avant-postes et un nombre assez considérable de compagnies franches occupaient tous les abords de la forêt, du côté de l'ennemi. La 2ᵉ division était en réserve à Pontijoux. La 3ᵉ encore en voie de formation.

La cavalerie couvrait l'aile gauche de l'armée, dans la direction de Châteaudun.

Un engagement assez sérieux eut lieu, le 7 novembre, vers Saint-Laurent-des-Bois, entre une reconnaissance Bavaroise et quelques bataillons du

16ᵉ corps soutenus par deux escadrons de cavalerie. Les Bavarois durent se retirer, laissant entre nos mains un certain nombre de prisonniers.

Le général Von der Thann n'avait conservé à Orléans que la 1ʳᵉ division de son corps d'armée. La 2ᵉ division était établie, avec la cavalerie, sur la route d'Orléans à Châteaudun, faisant face à la forêt de Marchenoir. C'étaient quelques bataillons de cette 2ᵉ division qui avaient été engagés, le 7, entre Bacon, Villermain et Saint-Laurent-des-Bois.

Le 8, dès le matin, tout le front Français se mit en mouvement et vint bivouaquer sur la ligne Messas, Cravant, Ozouer-le-Marché. Les deux divisions du 15ᵉ corps occupaient Messas et Cravant jusque vers Villermain. Les deux divisions du 16ᵉ corps occupaient Villermain et Ozouer.

Le général Reyau, avec dix régiments de cavalerie et tous les corps de francs-tireurs, couvrait l'extrême gauche, entre Ozouer et Prénouvellon.

Le général Von der Thann, de son côté, voyant l'imminence d'une attaque de notre part, avait évacué Orléans dans la journée du 8, n'y laissant que deux bataillons pour assurer l'ordre et protéger les malades et les blessés, qu'il ne pouvait emmener avec lui.

Sa 2ᵉ division occupait, comme je l'ai dit plus haut, la route d'Orléans à Châteaudun.

Il dut porter sa 1ʳᵉ division sur la gauche, prenant toujours Châteaudun pour objectif. Il voulut gagner cette ville en passant par la route de Coulmiers, Charsonville et Verdes. (*Voy.* pl. i et ii.)

On s'est souvent demandé pourquoi le général Von der Thann ne s'était pas retiré tout simplement par la route d'Etampes et de Paris. L'explication de son mouvement est bien facile à donner. Il ne connaissait que fort imparfaitement le chiffre exact des troupes qui s'avançaient contre lui; il ignorait absolument les directions qu'elles suivaient. Il pouvait craindre de se voir attaqué sur ses deux flancs à la fois, pendant sa marche sur Arthenay ou au-delà; car ses éclaireurs avaient dû l'avertir du mouvement de la division des Pallières au-dessus d'Orléans; et, d'un autre côté, la forêt de Marchenoir lui dérobait absolument les mouvements de l'ennemi sur sa gauche. Il résolut, en conséquence, de se porter dans la direction de Châteaudun, qu'il savait occupé par les avant-postes de la 22e division, laquelle pourrait, au besoin, venir le secourir.

Le 8, au soir, la 1re division Bavaroise occupait la ligne Rozières-Coulmiers-Epieds-Charsonville; de forts avant-postes étaient établis à Bacon et dans les fermes qui environnent ce village.

Le 9, au point du jour, toute l'armée Française se mit en mouvement.

Le général Von der Thann, avisé de notre approche, fit immédiatement faire front à ses troupes. Il fit avancer sa 2ᵉ division, qui devait lui servir de réserve, et se mit en mesure d'accepter la bataille et de défendre les lignes qu'il occupait.

Le plan du général d'Aurelles était très-habilement préparé. Les deux divisions du 15ᵉ corps devaient attaquer Bacon et les fermes qui l'entourent et servir de pivot à la 16ᵉ division, qui devait, pendant ce temps, se porter sur Coulmiers et Epieds en débordant la droite de l'ennemi. (*Voy.* pl. ɪ et ɪɪ).

La cavalerie du général Reyau et les différents corps francs devaient appuyer ce mouvement et couper ensuite la retraite aux Bavarois.

Les deux divisions du 15ᵉ corps s'emparèrent, après une lutte de cinq heures, du village de Bacon, du château de la Renardière et des différentes fermes qui se trouvaient de ce côté. Elles se portèrent de là sur Huisseau-sur-Mauve, qu'elles occupèrent également.

Le général Chanzy, qui commandait le 16ᵉ corps, rencontra une résistance des plus énergiques. La 1ʳᵉ division, qui formait sa gauche, sous les ordres de l'amiral Jauréguiberry, attaquait Epieds, tandis que la 2ᵉ division, commandée par le général Barry, attaquait Coulmiers.

Le général Von der Thann avait porté en ligne toute sa 2ᵉ division, et envoyait renforts sur renforts dans la direction de Coulmiers, qu'il voulait absolument conserver. En même temps, il donnait l'ordre à la 2ᵉ division de cavalerie, appuyée par une brigade d'infanterie, de se porter vers Saint-Sigismond, afin de tourner notre gauche.

Malheureusement, le général Reyau, qui se trouvait de ce côté avec dix régiments de cavalerie, se troubla à la vue des colonnes qui s'avançaient sur lui. Il s'exagéra sans doute leur force, et, dans la crainte de se voir exposé au principal effort de l'ennemi, il se replia dans la direction de Prénouvellon.

Ce mouvement de retraite eut malheureusement des conséquences déplorables, ainsi que nous le verrons tout à l'heure.

Vers quatre heures enfin, le général Barry se rendait maître de Coulmiers; l'ennemi, en pleine retraite, se porta sur Rozières, que le général Barry fit aussitôt canonner par les batteries qu'il établit en avant de Coulmiers. (*Voy.* pl. i.)

La 1ʳᵉ division du 16ᵉ corps s'était emparé pendant ce temps d'Epieds et attaquait le village de Champs, qui est bâti sur une hauteur d'où l'on domine toute la contrée du côté de Saint-Sigismond et vers Saint-Péravy.

L'ennemi, qui sentait toute l'importance de cette position, s'y défendait avec la plus grande énergie. Les pertes étaient considérables des deux côtés et les Bavarois, qui s'étaient retranchés dans les maisons et dans les jardins dont ils avaient crenelés tous les murs, opposaient une résistance indomptable aux efforts de l'amiral Jauréguiberry. Ce n'est que vers cinq heures qu'il put se rendre maître de cette importante position, qu'il fit enlever d'assaut par toutes les troupes de sa division.

L'ennemi, malheureusement, avait profité de la résistance opposée par sa droite pour opérer la retraite de son centre et de sa gauche.

La brigade qui occupait Champs et qui se retirait dans la direction de Saint-Péravy et de Patay, fut poursuivie jusqu'à Saint-Sigismond par les troupes de la 1re division; mais la cavalerie, qui devait jouer un si grand rôle dans l'exécution du plan de cette journée, se trouvait malheureusement trop en arrière.

Le général Reyau, ainsi que nous l'avons vu plus haut, s'était replié en présence d'une démonstration de l'ennemi. Le général d'Aurelles, averti de ce mouvement, lui avait expédié en toute hâte l'ordre de se reporter en avant. Malheureusement, les distances à parcourir étaient trop grandes. Les ordres du général en chef parvinrent trop tard au général Reyau pour qu'il pût exécuter le mouvement qui lui était prescrit et qui avait pour but de couper à l'ennemi la route de Saint-Péravy à Patay et celle de Saint-Péravy à Sougy. (*Voy.* pl. I.)

Le général Von der Thann put se retirer par

ces deux routes et dès le même soir il arrivait à Arthenay.

La 1re division du 15e corps, qui opérait à l'Est d'Orléans, s'était avancée pendant ce temps, sans rencontrer de résistance, à travers la forêt du même nom, et dès le lendemain elle faisait sa jonction vers Chevilly avec le gros du 15e corps.

Sur la rive gauche de la Loire, les volontaires de l'Ouest s'avançaient parallèlement au fleuve, de Chambord vers Orléans, qu'ils occupèrent le 10 au matin, en débouchant par les ponts de la Loire, aux acclamations de toute la population.

Le général d'Aurelles faisait avancer, dès le 10 au matin, ses colonnes jusqu'à la route d'Orléans à Châteaudun. Pendant que cette marche s'effectuait, nos avant-gardes rencontraient sur cette route un convoi Prussien, qui n'avait quitté Orléans que le 9 et qui emmenait des blessés, des malades, un certain nombre de voitures et deux pièces de canon.

Nos troupes attaquèrent tout aussitôt l'escorte du convoi et la rejetèrent en désordre dans la direction de Patay, en enlevant un nombre assez considérable de prisonniers. Le convoi tout entier dut reprendre la route d'Orléans.

Le 10 au soir, nous occupions Patay, Sougy, Huêtre et la grand route d'Orléans à Chartres. Nos avant-postes s'avançaient jusque sur la route de

Paris et donnaient la main, vers Chevilly, aux troupes de la 1re division du 15e corps.

Les pertes étaient considérables aussi bien de notre côté que du côté des Bavarois.

Les rapports officiels publiés par les journaux Allemands portent, pour les deux divisions du 1er corps Bavarois, une perte de 40 officiers et 617 hommes tués ou blessés. Ils ne parlent pas du chiffre des disparus qui devait être considérable cependant; car, dès le 10, le général d'Aurelles annonçait au gouvernement qu'il avait plus de quinze cents prisonniers.

Quant à nos pertes, on les évalua tout d'abord et d'après les situations du 11 novembre à plus de 2,000 hommes; mais il est probable qu'il faut comprendre dans ce chiffre un certain nombre de traînards qui n'avaient pas rejoint leurs corps à cette date et qui furent, en conséquence, portés comme disparus.

C'est ici que s'arrête la première periode des opérations militaires dont le bassin de la Loire a été le théâtre.

L'effet produit en France par la nouvelle de la victoire de Coulmiers fut immense. L'espoir renaquit dans tous les cœurs. C'était notre premier succès depuis l'ouverture des hostilités.

Le gouvernement de Tours s'exagéra lui-même l'importance des résultats obtenus.

Le général d'Aurelles constatait avec bonheur, mais non sans une certaine modestie, qu'il avait remporté *un succès assez important.*

Le gouvernement de Tours crut voir la route de Paris déjà ouverte à nos colonnes victorieuses.

Il paraît malheureusement incontestable que les illusions patriotiques dont on se berça dans les conseils du gouvernement, à Tours, eurent une influence considérable sur la suite des opérations. Nous verrons plus tard que le général d'Aurelles, qui était mieux à même que personne de juger de la valeur de ses troupes et des efforts qu'on pouvait leur demander, se trouva plusieurs fois en désaccord avec le gouvernement, qui n'admettait point qu'il pût se trouver un obstacle pour arrêter les vainqueurs de Coulmiers.

On a souvent reproché au général d'Aurelles son inaction à la suite de la victoire qu'il avait remportée.

Le général d'Aurelles, comme je viens de le dire, savait mieux que personne dans quel état étaient ses troupes. S'il n'a pas continué son mouvement offensif, c'est qu'il jugeait sans doute qu'il y avait danger à le faire. Il ne faut pas oublier, en effet, que l'armée de la Loire comptait dans son sein un grand nombre de jeunes soldats qui venaient de voir le feu pour la première fois et qui n'étaient pas rompus encore aux fatigues et aux privations d'une marche offensive.

Les journaux Allemands affectent de railler le commandant en chef de l'armée de la Loire, au sujet de ce qu'ils considèrent comme une faute irréparable. Ils affirment que le général d'Aurelles aurait pu marcher sur Paris sans rencontrer la moindre résistance, car le corps du général Von der Thann avait absolument besoin de se refaire et de se compléter avant que de reprendre la lutte.

Néanmoins, nous voyons, dès le 10, le corps Bavarois faisant sa jonction à Toury avec la 4e division de cavalerie Prussienne et avec la 22e division d'infanterie arrivant à marches forcées de Chartres, où nous l'avons laissée.

Voilà donc une force très-respectable, établie dans d'excellentes positions et qui nous barrait le chemin de Paris. Il eût fallu livrer une seconde bataille pour s'emparer du passage. Dans l'hypothèse d'une victoire de notre côté, l'ennemi se repliait évidemment le long de la route de Paris dans la direction d'Etampes, en faisant tous ses efforts pour contrarier notre marche et laisser le temps aux troupes de secours de venir se placer devant nous ; nous verrons plus tard que, le 11 novembre déjà, le grand-duc de Mecklembourg arrivait à Angerville, à quelques kilomètres seulement de Toury, avec la 5e division de cavalerie et la 17e division d'infanterie Prussiennes, qu'on venait de détacher de l'armée d'investissement de Paris pour venir en aide aux Bavarois.

Le général d'Aurelles aurait donc rencontré sur sa route des forces plus considérables même que celles qu'il venait de battre ; or, je n'hésite pas à croire, qu'il a prudemment agi, en refusant de compromettre le succès qu'il venait d'obtenir, par une marche intempestive en avant.

L'un des résultats les plus immédiats de l'occupation d'Orléans fut l'abandon par les Prussiens de la ville de Châteaudun, que les francs-tireurs Lipowski réoccupèrent dès le 11 novembre.

DEUXIÈME PÉRIODE

(9 Novembre — 4 Décembre 1870)

DEUXIÈME

FORCES FRANÇAISES

Commandant en chef : Général d'Aurelles de Paladines
Chef d'état-major : Général Borel.

QUINZIÈME CORPS

Commandant : Gén. d'Aurelles (plus tard Martin des Pallières)

- Première division   Général Martin des Pallières
- Deuxième   —   —   Martineau des Chesnez
- Troisième   —   —   Peytavin

SEIZIÈME CORPS

Commandant : Général Chanzy

- Première division   Général Jauréguiberry
- Deuxième   —   —   Barry
- Troisième   —   —   Maurandy
- Cavalerie   —   Michel

DIX-SEPTIÈME CORPS

Commandant : Général de Sonis

- Première division   Général de Roquebrune
- Deuxième   —   —   Dubois de Jancigny
- Troisième   —   —   de Flandre
- Cavalerie   —   de Longuerue

DIX-HUITIÈME CORPS

Commandant : Général Bourbaki (Gén. Billot, provisoirement)

Première division Général Feillet
Deuxième   —   — Penhoat
Troisième   —   — Bonnet
Cavalerie   — de Brémond d'Ars

VINGTIÈME CORPS

Commandant : Général Crouzat

Première division Général de Polignac
Deuxième   —   — Thornton
Troisième   —   — Ségard

Corps francs   Commandant : Colonel Lipowski
Zouaves pontificaux   —   Colonel de Charette
Volontaires de l'Ouest   —   Colonel de Cathelineau

FORCES ALLEMANDES

Commandant en chef : S. A. R. le Feld Maréchal, prince Frédéric-Charles de Prusse
Chef d'état-major : Général de Stiehle.

CORPS D'ARMÉE DU GRAND-DUC DE MECKLEMBOURG

Com^t. en chef : S. A R. le grand-duc de Mecklembourg-Schwérin.
Chef d'état-major : Colonel Krenski.

PREMIER CORPS BAVAROIS

Commandant en chef : Général Von der Thann

17e div. d'infanterie prussienne : Commandant, Général Treskow
22e div.   id.   Commandant, Général Wittich
2e div. de cavalerie prussienne : Commandant, Général comte de Stolberg
4e div.   id.   Com. S. A. R. le prince Albrecht de Prusse
5e div.   id   Commandant, Général Rheinbaben

(*Voy.* le tableau de la composition des armées pendant la Première Période, pag. 4 et 5).

TROISIÈME CORPS D'ARMÉE

Commandant, Général d'Alvensleben

5me Division d'infanterie : Général Stulpnagel

9me brigade : Général Doring   { 8me régiment d'infanterie
                                      { 48me   id.

18me brigade : Général Schwérin   { 12me régiment d'infanterie
                                        { 52me   id.

Réserve { 3me bataillon de chasseurs
            { 12me régiment de dragons

6me Division d'infanterie : Général Buddenbrok

11me brigade : Général Rothmaler   { 20me régiment d'infanterie
                                        { 35me   id.

12me brigade : Colonel Bismark   { 24me régiment d'infanterie
                                        { 64me   id.

Réserve : 2me régiment de dragons

ONZIÈME CORPS D'ARMÉE

Commandant : Général MANSTEIN

18ᵐᵉ Division d'infanterie : Général de WRANGEL

35ᵉ brigade : Général BLUMENTHAL { 36ᵐᵉ régiment d'infanterie / 84ᵐᵉ id.
36ᵐᵉ brigade : Général BELOW { 11ᵐᵉ régiment d'infanterie / 85ᵐᵉ id.

Réserve { 9ᵐᵉ bataillon de chasseurs / 6ᵐᵉ régiment de dragons

25ᵐᵉ Division d'infanterie (Hessois) : Commandant, Prince LOUIS de Hesse

49ᵐᵉ brigade : Général de WITTICH (Jun.) { 1ᵉʳ rég. d'infanterie Hess. / 2ᵐᵉ id.
50ᵐᵉ brigade : Général LYNKER { 3ᵐᵉ rég. d'infanterie Hess. / 4ᵐᵉ id. / 2ᵐᵉ bat. de chasseurs Hess.

Brigade de cavalerie Hessoise : Général SCHLOTHEIM

DIXIÈME CORPS D'ARMÉE

Commandant : Général VOIGTS-REETZ

19ᵐᵉ Division d'infanterie : Général SCHWARTZKOPPEN

37ᵐᵉ brigade : Colonel LEHMANN { 78ᵐᵉ régiment d'infanterie / 91ᵐᵉ id.
38ᵐᵉ brigade : Général WEDDEL { 16ᵐᵉ régiment d'infanterie / 57ᵐᵉ id.

Réserve : 9ᵐᵉ régiment de dragons

20ᵐᵉ Division d'infanterie : Général KRAATZ-KOSCHLAU

39ᵐᵉ brigade : Général de WOYNA { 56ᵐᵉ régiment d'infanterie / 79ᵐᵉ id.
40ᵐᵉ brigade : Général DIRINGSHOFEN { 17ᵐᵉ régiment d'infanterie / 92ᵐᵉ id.

Réserve { 10ᵐᵉ bataillon de chasseurs / 16ᵐᵉ régiment de dragons

Iʳᵉ Division de cavalerie : Général HARTMAN

1ʳᵉ brigade : Général LUDDERITZ { 2ᵐᵉ régiment de cuirassiers / 4ᵐᵉ régiment de uhlans / 9ᵐᵉ id.
2ᵐᵉ brigade : Général BAUMGARTH { 3ᵐᵉ régiment de cuirassiers / 8ᵐᵉ régiment de uhlans / 12ᵐᵉ id.

DEUXIÈME PÉRIODE

(9 Novembre — 4 Décembre 1870)

VI

L'occupation d'Orléans par l'armée de la Loire ne devait être que la première étape du mouvement, dont l'objectif suprême restait toujours *le débloquement de la capitale.*

Nous avons vu tout à l'heure les raisons qui empêchèrent le général d'Aurelles de poursuivre immédiatement, après Coulmiers, sa marche vers Paris. J'ai tâché de prouver, au moyen des documents Allemands, combien cette prudence, si généralement critiquée, se trouvait justifiée.

Le général d'Aurelles ne connut que vers le 12 ou le 13 novembre les mouvements de troupes qui s'étaient opérés en avant de ses lignes. Ses reconnaissances lui signalèrent successivement la jonction du corps de Von der Thann avec la 22ᵉ division venant de Chartres, et l'arrivée des renforts expédiés de l'armée d'investissement de Paris.

Il fit connaître la situation au gouvernement de Tours, et l'on décida d'augmenter aussitôt l'effectif de l'armée de la Loire, et de remettre de quelques jours la suite du mouvement sur Paris. Il importait, néanmoins, de se hâter le plus possible, car la capitulation de Metz venait de rendre disponible toute la seconde armée Allemande, et l'on savait de source certaine que le prince Frédéric-Charles lui-même se dirigeait avec plusieurs corps d'armée sur le bassin de la Loire.

Le 18ᵉ et le 20ᵉ corps étaient encore en voie d'organisation.

Ce dernier, placé sous les ordres du général Crouzat, se composait des régiments qui venaient de faire une campagne des plus pénibles sous les ordres du général Cambriels et sous le nom d'armée des Vosges.

On se hâta de remplir les cadres des divisions et des brigades ; on décida que les effets d'équipement et d'habillement qui manquaient encore aux différents corps de troupes leur seraient expédiés dans leurs nouveaux cantonnements et on les dirigea d'abord sur Gien pour couvrir la droite de l'armée de la Loire.

L'organisation du 18ᵉ corps se poursuivait pendant ce temps à Nevers. Le commandement supérieur de ce corps d'armée fut donné au général Bourbaki, remplacé dans son commandement de l'armée du Nord par le général Faidherbe. En attendant l'arrivée du commandant en chef, le général Billot, chef d'état-major, s'occupait des détails de l'organisation, qu'il hâtait par tous les moyens possibles.

Le 17ᵉ corps, dont on avait commencé l'organisation au Mans, fut dirigé sur Marchenoir, où il dut s'établir dans les positions précédemment occupées par le 16ᵉ corps, afin de couvrir de cette façon l'aile gauche de l'armée. Le général de Sonis fut appelé au commandement de ce corps.

On décréta, en outre, la formation du 21ᵉ corps sous les ordres de M. Jaurès, capitaine de vaisseau, qui fut muni à cet effet d'une commission de général de brigade, au titre auxiliaire. Le 21ᵉ corps devait se composer, d'une part, d'un certain nombre de bataillons de mobiles tirés du camp de Conlie où ils achevaient leur instruction, et, d'autre part, des bataillons précédemment placés sous les ordres du général Fierek.

On décréta encore la formation du 19ᵉ corps, qui

devait être organisé à Cherbourg sous les ordres du général Dargent.

Tout ce travail d'organisation fut fait dans le courant du mois de novembre, et c'est une justice à rendre à l'administration de la guerre, elle accomplit à cette époque de véritables prodiges.

Orléans, cependant, devait être mis en état de défense, et le général d'Aurelles résolut d'employer les loisirs forcés auxquels son armée se voyait condamnée à établir des batteries en avant de sa ligne d'opération.

Toutes ces batteries furent armées de pièces de marine du plus gros calibre, et constituèrent ainsi une série de positions fortifiées, parfaitement en état d'arrêter l'ennemi pendant tout le temps nécessaire pour achever l'organisation complète de l'armée de la Loire.

Revenons cependant au 10 novembre, lendemain de la bataille de Coulmiers.

Voici quelles étaient à cette date les positions occupées par les troupes du 15e et du 16e corps :

La 1re division du 15e corps, sous les ordres du général des Pallières, était arrivée, ainsi que nous l'avons vu, à Chevilly; elle dut s'y établir en s'étendant à droite de façon à couvrir les approches de la forêt d'Orléans. (*Voy.* pl. i.)

Les 2e et 3e divisions du 15e corps s'établirent dans l'espace qui sépare les routes d'Orléans à

Châteaudun et d'Orléans à Paris, à cheval sur la route de Chartres.

Le 16ᵉ corps prit position sur la route d'Orléans-Châteaudun et plus en arrière dans la direction de Coulmiers. La cavalerie couvrait l'aile gauche, concuremment avec les francs-tireurs, qui réoccupèrent Châteaudun.

Ainsi que je viens de le dire, le 17ᵉ corps, encore en voie d'organisation, fut dirigé sur Marchenoir, de façon à couvrir l'espace qui sépare la Loire de la route de Châteaudun. (*Voy.* pl. ɪ et ɪɪ.)

Ces positions restèrent à peu près les mêmes jusqu'à la fin de novembre.

Le 20ᵉ corps, que l'on avait dirigé d'abord sur Gien, dut occuper les villages de Bois-Commun et de Bellegarde, à l'Ouest de la forêt d'Orléans et à la hauteur de Montargis. Le 18ᵉ corps vint plus tard le rejoindre à l'aile droite, mais ces mouvements ne s'effectuèrent que vers les derniers jours du mois, alors que l'armée du prince Frédéric-Charles était déjà arrivée à Pithiviers.

Les quinze jours qui suivirent la bataille de Coulmiers ne furent guère marqués que par des combats d'avant-postes et des reconnaissances souvent fort hardies, effectuées tantôt par la cavalerie et tantôt par des francs-tireurs. Le général d'Aurelles mettait tous ses soins à établir une discipline solide parmi les troupes placées sous son commandement; il leur fit exécuter les travaux de défense dont j'ai parlé plus haut et donna des ordres précis pour que l'instruction des mobiles et des recrues fût poussée avec le plus grand soin.

Que se passait-il pendant ce temps du côté des Allemands?

Cette partie de la campagne, qui s'étend depuis la bataille de Coulmiers jusqu'à la fin du mois de novembre, n'est que peu connue jusqu'à ce jour. Les dépêches Allemandes et Françaises annoncent de temps en temps des engagements, tantôt du côté de Dreux, tantôt vers Nogent-le-Rotrou, mais je n'ai pu trouver encore une étude complète des mouvements exécutés par l'armée du grand-duc de Mecklembourg.

J'ai réuni avec le plus grand soin les articles et les correspondances publiées par les journaux Allemands vers cette époque, et je vais tâcher d'exposer en peu de mots l'ensemble de ces opérations. Je dois ajouter, du reste, que certains correspondants ont blâmé d'une façon très-acerbe les mouvements exécutés dans ce temps; M. Hermann Vogel, notamment, qui fournissait à la *Gazette de Francfort* des lettres quotidiennes, que tous les journaux d'Allemagne s'empressaient de reproduire, a été brusquement renvoyé du quartier-général auprès duquel il était accrédité pour s'être permis de critiquer la marche du grand-duc de

Mecklembourg, et pour avoir mis en doute les capacités de son chef d'état-major, le colonel Krenski.

En étudiant de près l'ensemble de ces opérations, en s'efforçant surtout de démêler les causes qui les ont fait décider, on ne peut s'empêcher, cependant, de les trouver parfaitement logiques, et je n'hésite pas à croire que c'est de Versailles même que les ordres sont partis et que c'est le général de Moltke qui les a prescrits.

L'évacuation d'Orléans par les troupes Bavaroises et l'échec subi par le général Von der Thann ne laissèrent pas que de causer une vive impression à Versailles. On avait, dès la veille, expédié l'ordre au général Wittich, commandant la 22ᵉ division, de se porter de Chartres sur la route d'Orléans à Paris, afin de prêter secours au général Von der Thann, et nous avons vu que, dès le 10, les troupes Bavaroises avaient fait leur jonction vers Toury avec les troupes de la 22ᵉ division Prussienne.

A la première nouvelle de l'échec de Coulmiers, on prescrivit au grand-duc de Mecklembourg de se porter, avec la 17ᵉ division d'infanterie et la 5ᵉ division de cavalerie (général Reinbaben), sur la route d'Etampes à Angerville, afin d'être en mesure d'arrêter l'armée de la Loire, si, comme on devait le craindre, elle poursuivait sa marche sur Paris.

On prescrivit en même temps au prince Frédéric-Charles, qui se trouvait à ce moment à Troyes, de presser le plus possible sa marche, afin d'être en mesure de parer à tous les événements.

On était passé brusquement, en effet, de la plus grande insouciance, à l'égard des troupes placées sous les ordres du général d'Aurelles, à un sentiment d'inquiétude, qu'on n'a pas de peine à démêler au milieu des ordres et des prescriptions émanant, vers cette époque, du grand quartier général. On n'avait considéré jusqu'alors l'armée de la Loire que comme *une agglomération d'hommes armés*, complétement incapables de tenir, en rase campagne, contre des forces organisées. On apprenait tout à coup que l'armée de la Loire se composait de régiments de ligne, de zouaves et de chasseurs à pied ; qu'il y avait beaucoup d'anciens soldats dans leurs rangs et que cette armée, si dédaignée jusqu'à ce jour, venait d'infliger aux armées Allemandes le premier échec sérieux depuis l'origine de la campagne.

L'impression produite sur l'état-major Allemand fut considérable. Sans concevoir d'inquiétudes sérieuses sur l'issue de leurs opérations, les stratégistes de Versailles crurent devoir prendre toutes les mesures commandées par la prudence, pour annihiler les efforts que le général d'Aurelles pourrait vouloir tenter.

On crut d'abord qu'il poursuivrait immédiatement sa marche sur Paris : de là les ordres expédiés au grand-duc de Mecklembourg et les renforts dirigés sur Etampes et Angerville.

On put craindre que, par un mouvement hardi, le général d'Aurelles ne se jetât vers le Nord-Est, et ne se dirigeât, par Fontainebleau, sur le bassin de la Marne, de façon à couper la principale ligne d'opérations de l'armée d'investissement : de là les invitations réitérées qu'on expédiait au prince Frédéric-Charles pour lui prescrire de hâter sa marche. (*Voy.* pl. v.)

On put croire encore que le général d'Aurelles ne laisserait qu'un masque devant les lignes allemandes entre Châteaudun et Toury et qu'avec le gros de ses forces il se porterait sur Nogent-le-Rotrou et sur Chartres, débordant ainsi la droite des lignes Allemandes pour se jeter dans le bassin de la Seine, en passant par la vallée de l'Eure : de là les opérations prescrites au grand-duc de Mecklembourg, qui fut chargé, pendant la seconde quinzaine de novembre, d'occuper successivement Chartres, Dreux, Nogent-le-Rotrou, en repoussant devant lui les forces qui étaient signalées dans cette région et que l'on croyait être les avant-gardes de l'armée de la Loire. (*Voy.* pl. v.)

Le grand-duc de Mecklembourg-Schwerin, qui commandait, depuis l'origine de la campagne, un corps d'armée, s'était fait connaître jusqu'alors par les différents siéges qu'il avait été chargé de diriger. C'est lui qui avait reçu la capitulation de Toul et plus tard celle de Soissons.

Il avait été nommé après la prise de cette ville au gouvernement général de la Champagne, dont le siége était à Reims; mais sa nature active ne s'accommodait que fort mal de ces fonctions, plutôt administratives.

Il fut appelé sur sa demande sous Paris, et on lui donna le commandement supérieur de la division Wurtembergeoise et de la 17ᵉ division d'infanterie. Il venait à peine de prendre le commandement de ce corps, ayant son quartier général à Ferrières, lorsqu'il reçut, le 10 novembre, l'ordre de se porter en toute hâte, avec la 17ᵉ division et la 5ᵉ division de cavalerie, sur Etampes et Angerville, afin de donner la main au général Von der Thann. Le commandement supérieur de toutes les troupes réunies dans cette contrée lui revenait de droit, en sa qualité de plus ancien général.

Il se trouva donc, dès le 11, à Angerville, ayant sous ses ordres quatre divisions d'infanterie, dont deux Bavaroises et trois divisions de cavalerie. Ce furent là les troupes qui constituèrent ce qu'on a appelé l'armée de Mecklembourg. Plus tard, vers la mi-décembre, le 1ᵉʳ corps Bavarois fut renvoyé sous Paris et le grand-duc de Mecklembourg ne conserva sous ses ordres directs que les 17ᵉ et 22ᵉ divisions d'infanterie, qui constituèrent le 13ᵉ corps d'armée, placé sous le commandement suprême du prince Frédéric-Charles de Prusse.

J'ai tenu à donner tous ces détails, car le nom du grand-duc de Mecklembourg revient si souvent dans les dépêches et les documents relatifs aux opérations successives de la campagne, qu'on ne se rend pas bien compte tout d'abord comment il peut figurer à la fois à Toul et à Soissons, à Reims et à Patay, au Mans et à Rouen (car c'est dans cette ville que l'armistice le trouva, ainsi que nous le verrons plus tard).

Je crois devoir ajouter que le duc de Mecklembourg, dont le nom est associé à la prise de Laon et à l'explosion de la poudrière de cette ville, est le fils du précédent, et qu'il commandait à cette époque la 6ᵉ division de cavalerie. La blessure qu'il reçut à Laon l'empêcha, du reste, pendant une grande partie de la campagne de reprendre son commandement.

VII

A peine arrivé à Angerville, le grand-duc de Mecklembourg prit le commandement supérieur de la 22ᵉ division et du corps Bavarois.

Voici quelles étaient à ce moment les positions des troupes allemandes :

Le 1ᵉʳ corps Bavarois vers Toury, à cheval sur la route Orléans-Paris. *(Voy.* pl. I.)

La 22ᵉ division, formant la droite, tout le long de la route qui conduit de Chartres à Artenay.

La 17ᵉ division, qui était encore en marche, dut s'arrêter à Dourdan, formant ainsi le centre et la réserve de l'armée.

La 2ᵉ division de cavalerie couvrait l'aile gauche dans la direction de Pithiviers.

La 4ᵉ division de cavalerie couvrait l'aile droite et les différents chemins qui conduisent d'Orléans à Chartres ; son quartier-général était à Viabon.

La 5ᵉ division de cavalerie reliait les deux ailes et le quartier-général à la réserve.

Dès le lendemain de son arrivée, le grand-duc de Mecklembourg prend des dispositions pour écarter et prévenir les mouvements que nous pourrions tenter dans la direction du Perche et dans la vallée de l'Eure.

Des mouvements de troupes lui étant signalés vers Evreux et Dreux, dans la direction de Rambouillet, il put croire que le plan du général d'Aurelles était de faire sa jonction, de ce côté-là, avec les forces venant de Normandie, afin de marcher directement par Pontchartrain sur Versailles.

Le duc de Mecklembourg résolut, en conséquence, d'agir le plus promptement possible, afin de se débarrasser d'abord des colonnes qu'on lui signalait comme venant de l'Ouest, et de pouvoir marcher ensuite avec toutes ses forces à la rencontre du général d'Aurelles, si celui-ci s'avançait par la vallée du Loir et par le Perche.

Laissant toute sa cavalerie dans les positions qu'elle occupait, il lui prescrivit de multiplier les reconnaissances et de se tenir toujours en garde, contre tout mouvement offensif de notre part.

En même temps, la 22e division reçut l'ordre de rétrograder sur Chartres pour se porter de là sur Châteauneuf, et surveiller le bassin de l'Eure et le département du même nom. *(Voy.* pl. v.)

La 17e division, que nous avons laissée à Dourdan, dut se poster sur Auneau pour se diriger ensuite par Maintenon et Houdan sur le chemin de fer qui conduit de Flers et d'Argentan à Versailles. Elle devait en même temps occuper Dreux.

Le 1er corps Bavarois ne devait faire mouvement que plus tard, alors que les opérations des 17e et 22e divisions seraient déjà en voie d'exécution. Il devait alors s'étendre sur sa droite et se porter dans la direction de Nogent-le-Rotrou, en s'appuyant sur la gauche de la 22e division.

La 5e division de cavalerie, qui se trouvait, comme nous l'avons vu, en réserve, dut suivre le mouvement des 17e et 22e divisions d'infanterie.

Le grand-duc de Mecklembourg devait suivre de sa personne les opérations de la 17ᵉ division.

Tous ces mouvements ne devaient commencer que le 14, car on tenait à bien s'assurer, d'abord, que le général d'Aurelles ne poursuivait pas sa marche sur Paris.

Conformément aux ordres reçus, les troupes de la 2ᵉ et de la 4ᵉ division de cavalerie faisaient des reconnaissances journalières sur le front de nos lignes, et comme notre cavalerie et nos francs-tireurs exécutaient, de leur côté, de fréquentes expéditions, il y eut des engagements partiels et des rencontres journalières, parmi lesquelles il convient de citer principalement les deux affaires du 14 et du 16 novembre, à Viabon et à Orgères, où nos francs-tireurs firent éprouver des pertes assez sensibles aux détachements de cavalerie ennemie.

Le 15 novembre, le grand-duc de Mecklembourg transporte son quartier-général à Auneau. Dès le lendemain, il s'avançait avec la 17ᵉ division, qui était placée sous les ordres du général Treskow, jusqu'à Maintenon.

Le surlendemain, 17, il se portait, par Nogent-le-Roi, dans la direction d'Houdan, quand il rencontra, entre ces deux villes, une colonne composée de plusieurs bataillons de mobiles.

Le combat s'engagea aussitôt; mais, comme il est facile de le penser, en présence de la supériorité considérable de l'ennemi, nos troupes durent se replier sur Houdan d'abord et de là dans la direction de Mantes.

L'ennemi, qui disposait d'une cavalerie fort nombreuse (deux brigades de la 5ᵉ division sous les ordres du général Rheinbaben), la lança sur notre petite colonne en retraite et lui enleva malheureusement un nombre assez considérable de prisonniers.

Le général Treskow se rabattit directement d'Houdan sur Dreux, qu'il occupa le même jour sans rencontrer de résistance. Le grand-duc de Mecklembourg, qui était resté avec son quartier général à Nogent-le-Roi, n'arriva que le lendemain à Dreux, qu'il ne fit que traverser pour aller rejoindre la 22ᵉ division à Châteauneuf.

Le général Wittich, conformément aux ordres qu'il avait reçus, s'était, en effet, porté de Toury sur Chartres dans les journées du 15 et du 16. Son mouvement ne s'opéra que lentement, afin d'être toujours prêt à revenir sur ses pas pour prêter main forte au général Von der Thann, dans le cas où le général d'Aurelles, informé des mouvements du grand-duc de Mecklembourg, aurait voulu en profiter, pour percer le front Bavarois.

Le 17 au matin, la 22ᵉ division quittait Chartres, se dirigeant sur Châteauneuf. Cette position était occupée par deux bataillons de mobiles, faisant partie du corps d'armée, réparti dans toute cette contrée sous le commandement supérieur du général Fierek.

A Châteauneuf, comme à Houdan, la lutte était par trop inégale. Nos braves mobiles résistèrent pendant quelques heures aux efforts des Prussiens; mais, en présence des renforts qui ne cessaient d'arriver à l'ennemi (car toute la 22e division finit par se trouver en ligne), les commandants des bataillons crurent devoir évacuer la ville en dirigeant leurs troupes vers le Sud-Ouest, sur Nogent-le-Rotrou, où ils espéraient faire leur jonction avec d'autres bataillons du général Fierek.

Le général Wittich occupa Châteauneuf et fit prévenir le grand-duc de Mecklembourg à Nogent-le-Roi, en lui demandant en même temps ses ordres pour la suite des opérations. Le commandant en chef lui prescrivit de se mettre en mouvement dès le lendemain matin et de prendre la route qui conduit vers Nogent-le-Rotrou et sur laquelle s'étaient engagés les bataillons de mobiles, repoussés de Châteauneuf. *(Voy.* pl. v.)

Conformément à ces prescriptions, le général Wittich se mit en marche le 18, de très-bonne heure. Il occupa sans résistance le petit village d'Ardelles. Mais au sortir du village, ses têtes de colonne rencontrèrent nos mobiles assez solidement établis derrière des abattis et des obstacles de toute sorte qu'ils avaient réuni à la hâte, et dont ils se servaient de leur mieux.

Le combat s'engagea avec une violence extrême, mais le général Wittich ayant fait déployer ses colonnes à droite et à gauche de la route, notre petite troupe dut craindre de se voir débordée sur ses ailes, et d'avoir sa retraite coupée.

Nos braves mobiles se retirèrent en conséquence, en combattant toujours, sur le village de Digny, qu'on avait eu soin de mettre en état de défense pendant les premières heures de la matinée; tous les murs étaient crenelés, tous les abords barricadés.

La 22e division Prussienne toute entière fut lancée à l'attaque du village ; mais nos mobiles, laissant les Prussiens s'approcher jusqu'à quelques centaines de mètres, ouvrirent à ce moment un feu terrible, partant à la fois des jardins et des maisons, des fossés et des barricades.

L'ennemi dut reculer. Néanmoins, ses colonnes, se réformant à peu de distance du village, voulurent tenter un nouvel effort ; il fut également repoussé. Ils se décidèrent alors à attendre l'obscurité, afin d'offrir moins de prise aux coups parfaitement ajustés de nos soldats. Ceux-ci, malheureusement, avaient consommé la plus grande partie de leurs munitions, et lorsque, vers le soir, les Prussiens renouvelèrent l'attaque de Digny, ce fut avec leurs bayonnettes et leurs crosses que nos mobiles durent se défendre. Dans cette situation, la lutte n'était guère possible. Les débris de la petite troupe cherchèrent le salut dans une prompte retraite, tandis que les Prussiens occupaient enfin, à neuf heures du soir, ce petit village, pour la possession duquel ils luttaient depuis le matin et qui leur avait coûté des pertes excessivement sensibles, eu égard au petit nombre d'adversaires qu'ils avaient en face d'eux.

Pendant que la 22e division Allemande combattait ainsi à Châteauneuf et à Digny, le 1er corps Bavarois s'étendait, ainsi qu'il en avait reçu l'ordre, sur sa droite et se portait sur Bonneval.

Pour bien masquer son mouvement, le général Von der Thann fit faire le 18, par sa cavalerie, une forte reconnaissance dans la direction de Châteaudun. Cette reconnaissance, du reste, fut repoussée par nos escadrons et nos francs-tireurs, ce qui permit au gouvernement de Tours d'annoncer un *engagement heureux*, tandis que le mouvement du grand-duc de Mecklembourg, en s'exécutant avec la plus scrupuleuse ponctualité, nous menaçait d'un grand danger.

Le général Von der Thann se rendit de sa personne, dans la journée du 18, à Châteauneuf, afin d'y conférer avec le grand-duc de Mecklembourg et de recueillir ses ordres et ses instructions.

Il fut décidé dans cette conférence que la 22ᵉ division et le 1ᵉʳ corps Bavarois se dirigeraient conjointement sur Nogent-le-Rotrou, qu'on supposait fortement occupé par nos troupes. *(Voy.* pl. v.)

La 22ᵉ division devait continuer sa marche vers le Sud-Ouest, tandis que le 1ᵉʳ corps Bavarois se dirigerait sur l'Ouest.

La 17ᵉ division devait, pendant ce temps, redescendre de Dreux sur Auneau, en laissant seulement des détachements dans les positions qu'elle venait d'occuper, et en se maintenant au moyen de la 5ᵉ division de cavalerie, en relation avec Rambouillet et Versailles.

Une fois en possession de la ville de Nogent-le-Rotrou, le corps Bavarois devait déployer son front vers le Sud.

La 22ᵉ division devait se reporter sur Chartres, faisant également front vers le Sud.

Toute l'armée se serait trouvée ainsi face à la Loire, les Bavarois formant la droite, la 22ᵉ division formant le centre et la 17ᵉ division formant la gauche.

Le projet du grand-duc de Mecklembourg était de se porter sur le Mans et de menacer de cette façon la gauche de notre ligne de bataille ; nous verrons plus tard que l'arrivée du prince Frédéric-Charles et la nécessité de concentrer toutes les forces Allemandes pour les faire concourir au plan adopté par le commandant en chef de la 2ᵉ armée, obligèrent le grand-duc de Mecklembourg à renoncer à ses projets.

Le mouvement conjonctif des Bavarois et de la 22ᵉ division sur Nogent-le-Rotrou devait s'effectuer le 21.

On avait dû donner deux jours au général Von der Thann pour qu'il pût achever la concentration de ses divisions.

La 22ᵉ division, partant de Digny, rencontra nos troupes à la Loupe, sur la ligne du chemin de fer du Mans à Chartres et à Paris. Ici encore, la disproportion numérique des combattants était énorme.

Nos pauvres mobiles, après avoir lutté le mieux du monde pour défendre le remblai du chemin de fer, durent se retirer devant le nombre et se porter vers l'Ouest, dans la direction d'Alençon. Ils eurent le malheur de perdre un canon pendant leur retraite. *(Voy.* pl. v.)

Tandis que ce combat se livrait à la Loupe, les Bavarois rencontraient une autre colonne de mobiles à quelques kilomètres plus au Sud-Ouest. Ici, comme à la Loupe, toute lutte sérieuse était impossible en présence du chiffre écrasant de nos adversaires. Nos mobiles, qui voyaient le feu pour la première fois, se replièrent un peu trop précipitamment peut-être, et laissèrent, malheureusement, l'ennemi, faire d'assez nombreux prisonniers.

Le même soir, le général Von der Thann, à la tête du 1ᵉʳ corps Bavarois, occupait Nogent-le-Rotrou.

Les journées du 22 et du 23 furent consacrées aux mouvements que la 17ᵉ et la 22ᵉ division devaient effectuer pour prendre les positions qui leur étaient indiquées, à l'effet de concourir au plan du grand-duc de Mecklembourg. Celui-ci transporta dès le 23 son quartier général à Nogent-le-Rotrou.

Le 24 était le jour fixé pour le commencement des opérations contre le Mans.

Les Bavarois, s'avançant le long de l'Huisne, rencontrèrent au Theil, à quelques kilomètres seulement de Nogent, une faible colonne de mobiles, envoyée là pour servir d'avant-poste et qui se retira à l'approche des divisions ennemies.

Le grand-duc de Mecklembourg établit son quartier général au Theil, tandis que ses avant-postes s'étendaient jusqu'à la Ferté-Bernard.

Le lendemain 25 novembre, en suite d'ordres venus de Versailles, les Bavarois, au lieu de continuer le mouvement direct sur le Mans, se portèrent sur Montmirail, en poussant leurs avant-postes jusqu'à la Braye.

La 22ᵉ division au centre s'avança le même jour jusqu'à Authon (au Nord-Est de Montmirail) et la 17ᵉ division à gauche s'avança jusqu'à Vitrayes (au Nord de Bonneval).

La 5ᵉ division de cavalerie s'avança fort en avant de la ligne d'opérations jusque sur la route du Mans à Vendôme, son quartier général se trouvant à Epuisay.

Le grand-duc de Mecklembourg, de sa personne, resta avec les Bavarois à Montmirail.

Cependant, le prince Frédéric-Charles avait pris la direction supérieure des opérations contre l'Armée de la Loire.

L'armée du grand-duc de Mecklembourg devait opérer sous ses ordres et conjointement avec lui. Il était absolument nécessaire à cet effet de se reporter vers l'Est pour donner la main à l'extrême droite du prince Frédéric-Charles, qui se trouvait, comme nous allons le voir, aux environs de Pithiviers.

Le grand-duc de Mecklembourg prescrivit, en conséquence, aux différentes colonnes sous ses ordres un changement de direction du Sud vers l'Est.

La 17ᵉ division devait se porter immédiatement de Vitry, par Neuvy-en-Dunois, sur Allaines-Janville, afin de se trouver à portée, si l'armée de la Loire, qu'on s'attendait chaque jour à voir prononcer son mouvement offensif, tentait de percer de ce côté. *(Voy.* pl. i.)

La 22ᵉ division devait se porter d'Authon sur Brou et de là, par Bonneval, sur Toury, en passant derrière la 17ᵉ division, pour aller prendre position à droite de la route de Paris à Orléans. Ces mouvements s'exécutèrent pendant les journées du 26, 27 et 28 novembre, sans qu'aucun incident vînt les contrarier.

Le 1ᵉʳ corps Bavarois, qui avait la route la plus longue à parcourir, devait se porter de Montmirail, par Courtilin, sur Châteaudun, et de là, par Varize, sur Orgères.

La 5ᵉ division de cavalerie devait couvrir la marche des Bavarois en poussant de fortes reconnaissances jusque vers la Loire, et nous la voyons apparaître, en effet, dès le 26, à Château-Renault, à huit lieues seulement de Tours.

Le mouvement du corps Bavarois s'effectua sans encombre jusqu'à Châteaudun.

Le 17ᵉ corps (Français) dont les avant-postes s'étendaient jusque dans la direction de cette ville, s'était concentré dès le 27 aux environs de Marchenoir, et le colonel Lipowski, qui occupait Châteaudun depuis le 11 novembre, jugea également devoir se retirer à l'approche des forces considérables dont on lui signalait la marche.

Les Bavarois occupèrent donc Châteaudun sans coup férir, dans la journée du 27 novembre; ils y firent séjour le 28 et ne se remirent en marche que le 29 au matin.

Le colonel Lipowski avait pris position à

l'Ouest de Châteaudun, dans la direction de Varize. (*Voy.* pl. II.)

La route de Châteaudun-Orgères traverse, avant d'arriver à Varize, le cours de la Conlie, qui forme, sur une étendue de plusieurs kilomètres, d'immenses plaines marécageuses et tout à fait impraticables.

Malheureusement, les Prussiens s'étaient munis de guides, qui, sous l'impression de la terreur, leur indiquèrent des passages connus seulement des gens du pays.

Le colonel Lipowski, se voyant sur le point d'être coupé de sa ligne de retraite, se retira de Varize vers le Sud-Est, dans la direction de la Chapelle-Onzerain. Quelques compagnies de francs-tireurs luttèrent cependant pendant plusieurs heures dans le village de Civry contre les têtes de colonne Bavaroises.

Pendant ce temps, la cavalerie du 16ᵉ corps essayait en vain, malheureusement, de couper la colonne ennemie en la chargeant dans son flanc droit. Le terrain, marécageux et encore détrempé par les pluies, ne lui permit pas de se déployer; elle dut aller reprendre ses cantonnements à Tournoisis, à l'extrême gauche de notre 16ᵉ corps.

Le 1ᵉʳ corps Bavarois arrivait dès le 29 au soir sur les positions qui lui étaient indiquées à Orgères et aux environs.

La 5ᵉ division de cavalerie, sa mission étant terminée, se porta en arrière du front de l'Armée du grand-duc de Mecklembourg, à la disposition du général en chef.

VIII

Il nous faut maintenant revenir sur nos pas pour étudier la marche du prince Frédéric-Charles et reconnaître les positions qu'il occupait à la fin de novembre, à la veille des grands combats de la Loire.

Le prince Frédéric-Charles s'était mis en route dès le surlendemain de la capitulation de Metz. Il emmenait avec lui trois corps d'armée et une division de cavalerie.

C'étaient :

Le 3ᵉ corps, commandé par le général d'Alvensleben et qui comprenait les 5ᵉ et 6ᵉ divisions d'infanterie.

Le 9ᵉ corps, commandé par le général Manstein, qui comprenait la 18ᵉ division d'infanterie Prussienne et la division de Hesse-Darmstadt, qui portait le nº 25 dans l'Armée de la Confédération du Nord.

Le 10ᵉ corps, commandé par le général Voigtz-Reez et qui se composait des 19ᵉ et 20ᵉ divisions d'infanterie.

La 6ᵉ division de cavalerie lui servait à éclairer sa route.

Le prince Frédéric-Charles se trouvait à Troyes quand il reçut, le 10 novembre, la nouvelle de l'échec subi la veille, à Coulmiers, par le 1ᵉʳ corps Bavarois ; on lui transmettait en même temps l'invitation la plus pressante de se diriger le plus rapidement possible sur le bassin de la Loire, afin de mettre obstacle à la marche du général d'Aurelles sur Paris.

Le prince Frédéric-Charles donna des ordres en conséquence aux différents corps placés sous son commandement.

Lui-même se mit en route dès le lendemain pour se diriger, par Sens, sur Nemours, et de là, par Puiseux, sur Pithiviers.

Son quartier général est établi, dès le 20, dans cette ville et le défilé de ses troupes se continue sans interruption depuis ce jour.

En attendant que toute l'armée fût concentrée, le prince Frédéric-Charles fit occuper les positions suivantes :

Le 9ᵉ corps dut s'établir vers Pithiviers.

Le 3ᵉ corps, entre Pithiviers et Beaune-la-Rolande, vers Boynes. (*Voy.* pl. I.)

Le 10ᵉ corps, vers Montargis, se reliant à Beaune-la-Rolande avec le 9ᵉ corps.

On se rappelle que le 20ᵉ corps de notre armée, qui se trouvait d'abord à Gien, avait été dirigé ensuite sur Bois-Commun et Bellegarde.

Une rencontre sérieuse eut lieu le 24 novembre entre les troupes du général Crouzat et les 37ᵉ, 38ᵉ et 39ᵉ brigades du 10ᵉ corps Allemand.

La 38ᵉ brigade et le quartier général du 10ᵉ corps étaient arrivés, dès le 23 novembre, à Beaune-la-Rolande.

Le général Crouzat, averti par ses avant-postes des mouvements de troupes qui s'opéraient au-devant de ses lignes, résolut d'attaquer l'ennemi pendant sa marche.

Il porta à cet effet, pendant la nuit du 23, l'une de ses divisions sur Ladon, qu'on mit en état de défense. Une des deux brigades de cette division dut aller bivouaquer sur la route, en avant de la ville.

Le 24 au matin, deux brigades Prussiennes quittaient Montargis avec la réserve d'artillerie du 10ᵉ corps.

La 39ᵉ brigade (Valentini) devait escorter l'artillerie, en se dirigeant, par Panne et Mignières, le long du chemin de fer, directement sur Beaune-la-Rolande.

La 37ᵉ brigade devait prendre la route qui passe

par Ladon pour se diriger également sur Beaune-la-Rolande. (*Voy*. pl. I.)

Son avant-garde rencontra, vers onze heures, les avant-postes de la brigade que le général Crouzat avait établie en avant de Ladon.

Une lutte sérieuse s'engagea aussitôt. Malheureusement, la 39e brigade, entendant la canonnade, quitta la route directe qu'elle suivait et se porta sur Maizières, point intermédiaire entre les deux routes, mais plus en arrière de Ladon, de telle façon qu'en continuant sa route dans la direction du Sud, elle aurait menacé la retraite, sur Bellegarde, de la division qui occupait Ladon. (*Voy*. pl. I.)

On résolut, en conséquence, d'évacuer cette position et l'on se retira sur Bellegarde, où notre 20e corps se trouva de nouveau concentré le 24 au soir, étendant sa gauche dans la direction de Bois-Commun.

Toute l'armée du prince Frédéric-Charles était en ligne le 26 novembre.

Nous avons vu plus haut que le grand-duc de Mecklembourg recevait au même moment l'ordre de reporter ses troupes sur la ligne Orgères-Janville-Toury, pour se relier, par sa gauche, avec le 9e corps Allemand, qui se trouvait à Pithiviers.

IX

Revenons maintenant au quartier général de l'armée de la Loire.

Ainsi que nous l'avons vu plus haut, le général d'Aurelles avait utilisé les loisirs forcés de son armée à couvrir de défenses formidables tous les abords d'Orléans. Il eût voulu demeurer dans ces positions et laisser l'ennemi venir à lui.

Il était en droit d'espérer que ses troupes, retranchées derrière des ouvrages armés de canons à longue portée, sauraient résister à toutes les attaques de l'ennemi ; il comptait choisir ensuite son heure, pour se jeter sur l'armée Allemande, démoralisée par une série d'attaques infructueuses.

Tel paraît avoir été, dans toute sa simplicité, le plan du général d'Aurelles. Il est permis, *dans tous les cas*, de penser qu'il aurait mieux servi nos intérêts que celui que le ministère lui imposa.

Des considérations politiques poussaient, en effet, le gouvernement à souhaiter de voir la marche offensive sur Paris reprise le plus promptement possible.

D'un côté, l'on craignait de voir les approvisionnements de Paris toucher bientôt à leur terme. D'un autre côté, l'ardeur bouillante du jeune dictateur s'accommodait mal avec la prudente réserve du général d'Aurelles.

Pour M. Gambetta, les vainqueurs de Coulmiers ne devaient plus connaître d'obstacles. Tous les jours, et par lettres, et par dépêches, il insiste auprès du commandant en chef pour lui voir continuer sa marche. Il va plus loin : profitant de ce que les 18e et 20e corps ne sont pas encore officiellement incorporés à l'armée de la Loire, il prend sur lui de les diriger sur les points qu'il indique, et c'est du cabinet même du ministre de la guerre que partent les instructions qui amènerent le combat du 28 novembre, plus connu généralement sous le nom de bataille de Beaune-la-Rolande.

Nous avons vu plus haut que le 20e corps, à peine son organisation achevée, avait été dirigé de Gien sur Bellegarde, et nous savons aussi la part qu'une de ses divisions a prise au combat de Ladon (24 novembre).

Dès le 26 et *sur les ordres directs du ministre*, Bois-Commun fut occupé par une division entière du 20e corps.

A la même date, le 18e corps, qui venait d'être

organisé à Nevers et qui se trouvait encore sous le commandement provisoire du général Billot, reçut l'ordre d'occuper la route de Montargis à Ladon. Ce mouvement s'effectua dans la journée du 27. De nouveaux ordres, arrivés de Tours, prescrivaient pour le lendemain un mouvement offensif sur Beaune-la-Rolande. Le 20° corps devait porter une division sur Batilly, à l'Ouest de Beaune-la-Rolande; une autre division devait occuper la ligne Montbarois, Saint-Loup-des-Vignes, au Sud de Beaune.

Pendant ce temps, le 18ᵉ corps devait se porter de la route Ladon-Montargis sur Maizières et Juranville, à l'Ouest de Beaune-la-Rolande.

Ce petit village, qui tire toute son importance des différentes routes qui viennent s'y croiser, devait donc être attaqué sur trois côtés à la fois.

Beaune se trouvait occupé à cette date par le quartier général du 10ᵉ corps Allemand et par les 37ᵉ, 38ᵉ et 39ᵉ brigades d'infanterie, dont nous avons déjà eu l'occasion de parler, à propos du combat du 24 novembre. Le général Voigts-Reez disposait, en outre, d'une nombreuse artillerie.

Le combat s'engagea dès les premières heures du jour. C'est une justice à rendre à nos troupes, elles déployèrent une intrépidité digne des plus grands éloges. Les fermes qui entourent Beaune-la-Rolande furent enlevées successivement.

Le 18ᵉ corps rivalisait d'entrain et de courage avec les divisions du 20ᵉ. Les Prussiens, complétement renfermés dans le village, s'y défendirent avec cette passivité stoïque que la discipline seule peut enfanter.

Nos batteries, établies sur les hauteurs qui entourent Beaune, ne cessaient de les accabler d'obus et de mitraille, une partie du village était en feu; néanmoins, ils tenaient toujours, dans les maisons et derrière les murs des jardins, nous faisant supporter des pertes considérables.

Cependant, vers trois heures de l'après-midi, on put croire que la victoire était assurée; un certain ralentissement se faisait remarquer dans la fusillade; on pouvait espérer que les Prussiens évacuaient le village.

Malheureusement, l'on entend tout à coup la fusillade reprendre plus vive que jamais; cette fois, c'est du côté de Batilly principalement qu'on se bat. Les Prussiens, renfermés dans Beaune, sentant que des renforts leur arrivent, reprennent courage à leur tour, et la bataille, un instant suspendue, recommence avec plus de fracas encore.

C'était, en effet, une division du 3ᵉ corps Allemand, que le général d'Alvensleben envoyait avec ordre de *marcher au canon*.

Le général Stulpnagel, qui commandait cette division, s'était porté directement de Boynes, où se trouvait alors le 3ᵉ corps tout entier, sur Batilly, où la 1ʳᵉ division du 20ᵉ corps Français avait établi son artillerie.

Le général Crouzat, voyant le danger que courait sa 1ʳᵉ division, dont le flanc gauche était menacé par la 5ᵉ division Prussienne, lui envoya l'ordre de battre en retraite par Saint-Michel sur Bois-Commun.

Malheureusement, le général Stulpnagel avait amené avec lui une brigade de la 6ᵉ division de cavalerie Prussienne.

Il la lança au même moment sur nos colonnes en retraite et nous enleva un nombre assez considérable de prisonniers.

Le commandant du 18ᵉ corps, voyant le mouvement de retraite du 20ᵉ, prescrivit également à ses troupes de ne plus continuer la lutte et de se retirer en bon ordre sur Maizières. La nuit, du reste, était venue sur ses entrefaites, et le combat pouvait être envisagé comme indécis.

Une brigade du 20ᵉ corps n'ayant pas reçu d'ordres à la fin de la journée, resta même sur les positions qu'elle occupait en avant de la ligne Saint-Loup-des-Vignes — Montbarrois, dans la conviction que la lutte n'avait été interrompue que par l'obscurité, et qu'elle reprendrait au point du jour.

Elle n'opéra sa retraite qu'au milieu de la

nuit, en apprenant que tout le reste du corps se trouvait concentré à Bois-Commun.

La journée de Beaune-la-Rolande fait incontestablement le plus grand honneur aux troupes des 18ᵉ et 20ᵉ corps; malheureusement, ce ne fut pas une victoire, ou du moins elle n'eut aucun des résultats qui constituent une victoire.

Si les Prussiens évacuèrent Beaune-la-Rolande, le 30 novembre, ce ne fut pas, hélas! pour se retirer devant nos forces, mais pour prononcer leur mouvement de concentration, dont l'objectif devait être la possession d'Orléans.

Il convient d'ajouter qu'ils laissèrent toujours un détachement à Beaune, et que nos troupes n'occupèrent jamais cette position.

Les pertes étaient considérables des deux côtés. L'un des généraux qui commandaient à l'attaque de Beaune-la-Rolande, constate, malheureusement, que nous avions, le soir, plus de trois mille hommes hors du combat. (Voy. *Revue des Deux-Mondes*, 1ᵉʳ juillet 1871.)

Les pertes de l'ennemi étaient également très-sensibles.

On a critiqué souvent l'inaction de la 1ʳᵉ division du 15ᵉ corps, qui se trouvait, le 28 novembre, sur la route d'Orléans à Pithiviers, à la hauteur de Toury. On lui a reproché de n'avoir point marché au canon pour venir en aide aux troupes engagées du côté de Beaune. On lui a reproché, en même temps, de n'avoir point attiré sur lui toute l'attention du 3ᵉ corps Allemand, en s'avançant vers Chilleurs-aux-Bois, pour empêcher le général d'Alvensleben de distraire une partie de ses forces.

Je crois que ces deux reproches sont également mal fondés. Sans avoir l'honneur de connaître le général des Paillières, en raisonnant purement par induction, il me paraît que son inaction est parfaitement explicable. *(Voy.* pl. I.,

Pour ce qui est du premier reproche, on voudra bien remarquer que Toury se trouve à une distance de vingt-cinq kilomètres de Beaune-la-Rolande. Le général des Paillières était-il bien en droit de s'éloigner à une aussi grande distance de la ligne qu'il était chargé de garder? Pouvait-il savoir que le bruit du canon, qu'il entendait, provenait d'un mouvement offensif de nos troupes?

Son chef direct, le général d'Aurelles, qui était, en même temps, le commandant en chef de l'armée de la Loire, ne lui avait donné aucune instruction dans ce sens. Le général des Pallières pouvait donc tout aussi bien supposer que la canonnade qu'il entendait provenait d'une attaque tentée par les Prussiens, et, dans ce cas, il avait le devoir le plus absolu de mettre toutes ses troupes sous les armes et de se tenir prêt à défendre la ligne qui lui était confiée.

Quant au second reproche, relativement à la démonstration qu'il eût dû faire en avant de Chilleurs-aux-Bois, pour attirer sur lui l'attention du 3ᵉ corps Allemand, il me paraît tout aussi mal fondé.

Sans aucun doute, si l'attaque de Beaune-la-Rolande avait fait partie intégrante d'un plan bien combiné, ayant pour objectif un mouvement offensif contre les lignes Allemandes, les plus simples notions de tactique obligeaient le commandant en chef à attirer l'attention de l'ennemi sur tous les points à la fois. Mais, il faut le répéter encore, l'attaque de Beaune-la-Rolande n'a pas été ordonnée par le général d'Aurelles, elle n'a été connue de lui qu'indirectement, ainsi que le prouve la dépêche adressée, le 26 novembre, de Tours, aux généraux Crouzat et Billot, et qui porte cette mention : *Copie pour général d'Aurelles.*

Rien ne prouve que cette attaque sur Beaune ait été approuvée par lui; on est, au contraire, porté à en douter, en se rappelant que son plan consistait à faire abstraction de toute espèce de considérations politiques, et à rester sur la défensive, derrière de fortes positions.

Dès lors, je le répète, on ne peut reprocher au général des Pallières de n'avoir point opéré en avant de ses lignes, pour soutenir et appuyer un mouvement offensif, dont il n'avait probablement aucune connaissance.

Cette discussion, sur laquelle je me suis peut-être étendu trop longuement, fait ressortir une fois de plus tout le danger qu'il y a à vouloir ordonner, du fond d'un cabinet, des opérations militaires qu'on a tant de peine à diriger, alors même qu'on se trouve sur le terrain de l'action.

Les journées du 29 et du 30 se passèrent sans incidents remarquables.

Je crois devoir, avant que de passer au récit des combats qui marquèrent les premiers jours de décembre, indiquer bien clairement quelles étaient, à ce moment, les positions respectives des deux armées en présence, et quelles étaient aussi les intentions des généraux en chef appelés à se mesurer.

X

Le général d'Aurelles, appelé au commandement supérieur de l'armée de la Loire, avait son quartier-général à Saint-Jean-la-Ruelle, le faubourg d'Orléans sur la rive droite de la Loire.

Le 15ᵉ corps, dont il conservait encore le commandement, formait le centre de ses positions.

A la date du 30 novembre, la 1re division, sous les ordres du général des Paillières, était établie, le long de la route Orléans-Pithiviers, dans la forêt d'Orléans, dont elle gardait les débouchés vers le Nord ; elle s'appuyait, à droite, sur le 20ᵉ corps établi vers Bois-Commun et Bellegarde, lequel gardait les débouchés de la forêt dans la direction de l'Est et du Nord-Est. *(Voy.* pl. i.)

La 2ᵉ division, sous les ordres du général Martineau-Deschesnez, était établie à la hauteur de Chévilly et à droite de la route qui conduit d'Orléans à Étampes, gardant l'espace compris entre cette route et l'ancienne voie de César, à laquelle s'appuyait la gauche de la 1re division.

La 3ᵉ division, général Peytavin, était établie à gauche de la route de Paris, sa droite appuyée sur Cercottes, sa gauche fortement effacée dans la direction de Giddy.

Le 16ᵉ corps, sous les ordres du général Chanzy, était établi de la façon suivante :

Le quartier-général à Saint-Péravy-la-Colombe, sur la route d'Orléans à Châteaudun.

La 3ᵉ division (Morandy), vers Bricy, appuyant sa droite à l'ancienne route de Chartres.

La 2ᵉ division (Barry), en arrière de Coinces, sa gauche appuyée vers Saint-Péravy, à la route de Patay.

La 1re division (Jauréguiberry) était établie à

l'Ouest de Saint-Péravy, le long de la route de Châteaudun.

La cavalerie et les corps de francs-tireurs couvraient l'extrême gauche vers la Chapelle-Onzerain.

Le 17ᵉ corps était en seconde ligne avec son quartier-général à Marchenoir, et ses divisions échelonnées, depuis Binas jusqu'à la Loire, en avant de la forêt.

A l'extrême droite de notre ligne, le 18ᵉ corps se trouvait établi vers Maizières et Ladon, sa gauche appuyée au 20ᵉ corps.

Nos positions formaient, ainsi qu'on peut le voir, un arc de cercle en avant d'Orléans, la convexité tournée vers Paris.

L'intention du gouvernement était toujours de poursuivre le mouvement offensif dans la direction de la capitale.

Nous avons vu que le général d'Aurelles, en vertu de son expérience, luttait de son mieux contre ces tendances dont il pressentait les conséquences.

Un incident survint dans la journée du 30 novembre qui précipita les résolutions et obligea, en quelque sorte, le général d'Aurelles à faire le sacrifice de ses idées personnelles.

Un ballon, parti de Paris, le 26 novembre, était allé tomber en Norwége, et, malgré tout l'empressement des aéronautes, le gouvernement n'eut connaissance que le 30 au matin des dépêches qu'ils apportaient avec eux.

Ces nouvelles étaient d'une importance extrême.

Le général Trochu faisait connaître, à la Délégation de Tours, qu'il avait le projet « d'attaquer les lignes ennemies, dans la journée du 29, de les percer, s'il pouvait y réussir, et de se diriger ensuite vers Fontainebleau. »

L'hésitation, dès-lors, n'était plus permise : il fallait à tout prix marcher en avant, pour soutenir le mouvement de l'armée de Paris.

Un conseil de guerre fut tenu dès le 30 au soir au quartier général de Saint-Jean-la-Ruelle.

Tout le monde se trouva d'accord sur la nécessité d'une action énergique et immédiate contre les lignes Prussiennes.

L'objectif adopté fut la forêt de Fontainebleau, où l'on comptait donner la main à l'armée victorieuse du général Trochu.

On savait que le prince Frédéric-Charles était à Pithiviers ; c'était donc cette position qu'il fallait emporter d'abord, et c'est dans cette direction qu'il importait de concentrer nos forces.

La journée du 1er décembre devait être consacrée aux mouvements préparatoires. Le 16e et le 15e corps devaient s'avancer simultanément pour aller occuper des positions plus rapprochées de Pithiviers. Le 17e corps devait venir prendre les positions abandonnées par le 16ᵉ et lui servir de réserve.

Le 18ᵉ et le 20ᵉ corps devaient concentrer leurs troupes et se tenir prêts à agir concuremment avec le centre et la gauche de l'armée.

Le 2 décembre fut choisi, sans autre arrière-pensée, pour livrer la grande bataille qui devait nous rendre maîtres de Pithiviers, et nous ouvrir la route de Fontainebleau.

Conformément aux résolutions prises dans la nuit, le 15ᵉ et le 16ᵉ corps firent mouvement dans la matinée du 1ᵉʳ décembre.

La 1ʳᵉ division du 15ᵉ corps se porta de Loury jusqu'à Chilleurs-aux-Bois.

La 2ᵉ division s'étendit en avant de Chevilly jusque vers Arthenay.

La 3ᵉ division se porta sur Creuzy, gardant toujours l'espace compris entre la route de Paris et l'ancienne route de Chartres.

Le 16ᵉ corps, de son côté, quitta les positions qu'il occupait pour aller s'établir sur la ligne Cormainville, Villepion, Terminiers, Sougy, en appuyant sa droite à la gauche du 15ᵉ corps. *(Voy.* pl. I.)

Ce mouvement donna lieu à un engagement très-sérieux avec les Bavarois, dont les avant-postes occupaient précisément cette ligne.

Le général Von der Thann, averti du mouvement de nos colonnes, fit immédiatement soutenir ses avant-postes et expédia d'abord une brigade, qui devait précisément opérer une reconnaissance sur nos lignes. Plus tard, deux autres brigades vinrent encore renforcer les troupes qui défendaient Nonneville et Villepion.

Sur ces deux points surtout, la lutte fut très-meurtrière. L'amiral Jauréguiberry finit cependant par s'en rendre maître et vers le soir sa division (1re du 16e corps) occupait ces mêmes fermes et villages que l'ennemi avait mis tant d'énergie à vouloir conserver.

Les Bavarois avaient fait des pertes considérables. Parmi les blessés se trouvait le général Stephan, commandant de leur 2e division.

La 2e division du 16e corps occupait Terminiers.

La 3e était à Sougy.

La cavalerie à Cormainville.

Le quartier général du 16e corps à Patay.

Le 17e corps, sous les ordres du général de Sonis, était venu prendre exactement les positions abandonnées le matin par les troupes du 16e corps.

En voulant figurer par une ligne continue les positions que nous occupions le 1er décembre au soir, on arrive à remarquer que cette ligne, qui aurait eu la veille au soir la forme parfaitement accusée d'une demie-circonférence, se trouvait presque droite maintenant, dans une direction perpendiculaire à celle de la route d'Orléans à Paris.

L'ordre de bataille pour le lendemain se comprend facilement à l'inspection d'une carte. *(Voy. pl. i.)*

Le centre (15ᵉ corps) devait marcher tout droit sur Pithiviers et l'attaquer par le Sud-Ouest.

La droite (18ᵉ et 20ᵉ corps) devait se porter sur Beaune-la-Rolande et Boynes pour attaquer Pithiviers par l'Est.

Le 16ᵉ corps, formant notre gauche, devait opérer un changement de front à droite, et se rabattre également sur Pithiviers pour attaquer cette ville par l'Ouest.

Le 17ᵉ corps devait soutenir le mouvement du 16ᵉ et le remplacer dans ses positions pour couvrir notre gauche et s'opposer à un mouvement tournant de l'ennemi venant de Chartres ou de Châteaudun.

La cavalerie devait éclairer les ailes et se tenir prête à poursuivre l'ennemi, dès l'instant où ses lignes seraient rompues.

XI

Voyons maintenant quelles étaient les positions occupées par les troupes Allemandes le 1ᵉʳ décembre ; nous pourrons ainsi nous rendre compte plus facilement des opérations du lendemain.

Le quartier général du prince Frédéric-Charles se trouvait, ainsi que nous l'avons dit, à Pithiviers.

Nous avons vu que l'armée du grand-duc de Mecklembourg était venue s'établir, dès le 30, sur la ligne Orgères-Allaines-Janville-Toury, formant ainsi la droite de l'armée Allemande, en face de notre gauche.

Nous venons de voir que, dans la journée du 1er décembre, le général Chanzy avait repoussé les avant-postes Bavarois en arrière de la ligne Nonneville-Villepion. Néanmoins, le gros des troupes du général Von der Thann était toujours établi entre Orgères, Bazoches et Loigny, les avant-postes s'étendant jusqu'à Lumeau. (*Voy.* pl. i.)

La 17e division était établie en avant d'Allaines, ses avant-postes s'étendant jusqu'à Baigneux.

La 22e division était à Toury, à droite de la grande route, ses avant-postes vers Dombron.

La 2e division de cavalerie était établie sur la route de Paris, tandis que la 4e division (prince Albrecht) couvrait l'extrême droite des lignes Allemandes, sur la rive gauche de la Conie.

Le 9e corps, sous les ordres du général Manstein, était à Pithiviers (18e et 25e divisions d'infanterie).

Le 3e corps, à Boynes, sous les ordres du général d'Alvensleben (5e et 6e divisions d'infanterie).

Le 10ᵉ corps (Voigtz-Reez), à Beaune-la-Rolande (19ᵉ et 20ᵉ divisions d'infanterie).

La 6ᵉ division de cavalerie occupait l'espace qui sépare Pithiviers de la route d'Orléans-Paris, réunissant ainsi la droite du 9ᵉ corps à la gauche du grand-duc de Mecklembourg.

Le prince Frédéric-Charles, averti des mouvements de concentration de nos troupes, résolut de brusquer la situation, en prenant lui-même l'offensive. Il ne s'attendait point, sans doute, à être attaqué dès le matin du 2 décembre.

Son intention était de nous livrer bataille le 3, et la journée du 2 devait être consacrée, d'après ses ordres, à l'exécution des manœuvres préliminaires.

Il prescrivit, à cet effet, au général Manstein de se porter, avec le 9ᵉ corps, de Pithiviers sur Toury, pour aller s'établir à gauche de la grand'route.

Le 3ᵉ corps devait remplacer le 9ᵉ à Pithiviers, et le 10ᵉ corps devait occuper les positions abandonnées par le 3ᵉ à Boynes.

Toute la gauche de l'armée Allemande se trouvait de cette façon à découvert. Si les commandants en chef des 18ᵉ et 20ᵉ corps avaient pu s'en douter, ils n'auraient pas hésité, bien certainement à se jeter, par une manœuvre hardie, sur les derrières de l'ennemi.

Mais le prince Frédéric-Charles fit masquer le mouvement de ses troupes au moyen de forts rideaux de cavalerie, qui, pendant toute la journée du 2 décembre, opérèrent des reconnaissances et jetèrent l'alarme dans les lignes d'avant-postes des 18e et 20e corps.

L'armée du grand-duc de Mecklembourg devait, de son côté, se concentrer dans les positions qu'elle occupait, mais à la suite des engagements du 1er décembre, ces prescriptions furent modifiées, et le grand-duc reçut l'ordre de repousser nos attaques, si elles se renouvelaient, et de faire avancer ses colonnes dans la direction d'Orléans.

J'ai tâché d'exposer le plus clairement possible quelles étaient les situations respectives des deux armées, le 1er décembre au soir ; je pense que ces détails, quelques arides qu'ils puissent être, sont absolument nécessaires à connaître, pour comprendre les opérations des jours suivants.

XII

Le 2 décembre, au point du jour, le 16e corps se met en mouvement. Ainsi que je l'ai dit plus haut, il devait opérer un changement de front à droite, l'aile gauche (1re division) en avant, l'aile droite

(3ᵉ division du 16ᵉ corps et 3ᵉ division du 15ᵉ) servant de pivot. Néanmoins, et pour faciliter le mouvement, le pivot de la conversion ne devait point rester en place, mais se porter également en avant, dans la direction de Pourpry.

La 2ᵉ division du 15ᵉ corps devait s'avancer au-delà d'Arthenay sur la route de Paris.

La 1ʳᵉ division du 15ᵉ corps et les 18ᵉ et 20ᵉ corps devaient attendre, pour commencer leur mouvement, que la gauche fût entrée en ligne dans la direction de Pithiviers. C'est dans cette disposition, parfaitement conforme aux plus simples notions de tactique, qu'il faut chercher la raison de l'inaction de ces corps pendant la journée du 2 décembre.

La bataille commença sur la gauche dès les premières heures du jour.

La 2ᵉ division du 16ᵉ corps se porta de Terminiers sur Loigny, tandis que la 3ᵉ division vint occuper sa place à Terminiers pour se diriger de là sur Lumeau.

La 1ʳᵉ division devait servir de réserve.

Loigny fut enlevé de la façon la plus brillante, la brigade Bavaroise qui l'occupait se retira dans la direction de Bazoches-les-Hautes et s'établit dans les bois et les fermes qui se trouvent en avant de ce village, et notamment dans le château de Goury.

Le général Barry, à la tête de la 2ᵉ division, ne

fait que traverser Loigny, se porte sur Goury et l'enlève, dans un brillant effort.

Malheureusement, les batteries établies à Lumeau rendaient cette position presque intenable. La division Barry, quelque peu démoralisée par la mitraille, se replia brusquement sur Loigny.

L'amiral Jauréguiberry dut se porter en avant, dans la direction de Goury, que les Bavarois avaient immédiatement réoccupé.

La 3ᵉ division était en marche sur Lumeau dont il importait de se rendre maître pour faciliter l'attaque de Goury.

La 17ᵉ division d'infanterie Prussienne, venant d'Allaines et de Janville, avait occupé Lumeau et c'étaient ses batteries qui avaient fait reculer déjà la division Barry.

La 3ᵉ division du 16ᵉ corps, en arrivant en vue de Lumeau, fut accueillie par une canonnade excessivement vive. Toute l'artillerie de la 17ᵉ division Allemande dut concentrer maintenant ses feux sur les colonnes qui s'approchaient.

A la faveur de ce répit, l'amiral Jauréguiberry tente un nouvel effort sur Goury. Malheureusement, le général Von der Thann avait envoyé deux brigades au secours de la première. Les trois brigades, désormais réunies dans le parc et dans le château de Goury, opposèrent une résistance insurmontable à tous les efforts de l'amiral.

Et cependant, les rapports Allemands en font l'aveu : si la 3ᵉ division, persistant dans son attaque sur Lumeau, avait absorbé plus longtemps toute l'attention de la 17ᵉ division d'infanterie, les Bavarois, presque cernés à Goury, n'auraient pu résister jusqu'à la fin du jour. Malheureusement, la 3ᵉ division, très-impressionnée par les pertes que lui causaient les projectiles ennemis, se replia vers trois heures dans la direction de Sougy. Cette retraite s'opéra avec tant de précipitation, que les Prussiens purent s'emparer de quatre pièces de canon.

La position était des plus critiques, comme on le voit.

La 1ʳᵉ division du 16ᵉ corps restait seule engagée.

La 2ᵉ division, que son échec du matin avait quelque peu désorganisée, se reformait en arrière de Loigny, dans la direction de Villepion.

La 3ᵉ division était désormais hors de cause.

Par contre, la 17ᵉ division Prussienne, n'ayant plus d'adversaires devant ses lignes, se dirigeait de Lumeau sur Goury pour soutenir et dégager les Bavarois. En même temps, la 4ᵉ division de cavalerie (prince Albrecht) tentait de tourner notre gauche par Cormainville.

L'amiral Jauréguiberry dut renoncer à l'attaque de Goury et se replier sur Loigny ; mais cette position elle-même était trop difficile à défendre avec des troupes aussi fatiguées que les siennes; il dut continuer son mouvement de retraite jusque sur Nonneville et Villepion pour conserver et défendre du moins ces positions, conquêtes de la veille.

Le général Chanzy avait fait prévenir, dès deux heures, le commandant du 17ᵉ corps, en lui demandant de hâter sa marche.

Le général de Sonis, qui venait d'arriver de Saint-Péravy et de Patay, continue sa route avec la division qu'il a sous la main, prescrivant aux deux autres de hâter leur mouvement. Le bataillon des zouaves pontificaux formait l'avant-garde du 17ᵉ corps.

Le général de Sonis se met lui-même à la tête de sa colonne, et marche directement sur Loigny, qu'il enlève aux Bavarois qui viennent de le réoccuper; poursuivant son effort, il se dirige sur Château-Goury. Mais les batteries de la 17ᵉ division d'infanterie Prussienne ouvrent un feu terrible sur nos colonnes. Le général de Sonis tombe frappé d'un éclat d'obus. Le colonel Charette, commandant des zouaves pontificaux, est grièvement blessé; son bataillon subit des pertes énormes. La nuit, du reste, va arriver; il importe de se retirer en ordre, et le général Chanzy, prenant par intérim le commandement du 17ᵉ corps, prescrit la retraite sur Patay.

Pendant que ces combats se livraient à notre

gauche, une partie de notre centre était également engagée.

La 3ᵉ division du 15ᵉ corps (général Peytavin) devait se porter en avant, de Creuzy sur Pourpry, à gauche de la grand'route d'Orléans à Paris.

Son mouvement s'effectua dès le matin et Pourpry fut occupé sans résistance. Les avant-postes de la 3ᵉ division furent portés sur Dambron, pendant que le général Peytavin s'établissait solidement à Pourpry; ce village devait, en effet, servir de pivot au mouvement tournant de la gauche.

Les avant-postes rencontrèrent l'ennemi en force sur la route de Dambron. C'était la 22ᵉ division d'infanterie Prussienne qui descendait de Toury, sa gauche appuyée à la route de Paris.

Nos avant-postes se replièrent sur Pourpry, suivis de près par les têtes de colonnes ennemies. Le général Peytavin fit aussitôt ouvrir une violente canonnade sur les Prussiens qui s'avançaient par les deux côtés de la route de Dambron.

Le général Wittich, qui commandait les troupes ennemies, porta l'une de ses brigades (la 43ᵉ) en avant, et la fit déployer, la 44ᵉ brigade demeurant en réserve. Il établit en même temps son artillerie, plus nombreuse que la nôtre, sur une petite élévation au Nord-Ouest de la ville, pour essayer d'éteindre le feu de nos batteries. Après un violent combat d'artillerie, le général Wittich lance toute la

43ᵉ brigade à l'assaut de nos positions. Nos troupes, habilement dirigées, laissèrent l'ennemi s'approcher à bonne portée, et ouvrirent aussitôt un feu de mousqueterie parfaitement entretenu. Les Prussiens reculent, laissant sur le terrain un grand nombre de morts et de blessés. Le commandant de la brigade, colonel Kontzki, était tué.

Le général Wittich, sentant toute l'importance de la position qu'il voulait emporter, fait avancer sa réserve et prévient en même temps la 17ᵉ division, qui se trouvait déjà en possession de Lumeau, ainsi que nous venons de le voir.

Le général Treskow, commandant de cette division, fait avancer, en effet, l'une de ses brigades sur la route de Lumeau à Pourpry, afin d'inquiéter la gauche du général Peytavin (commandant de la 3ᵉ division du 15ᵉ corps).

En même temps, le général Wittich portait sa brigade de réserve (44ᵉ brigade) à gauche, sur la route venant d'Allaines, afin de déborder notre droite. Ce mouvement était soutenu, en outre, par plusieurs escadrons de la 2ᵉ division de cavalerie qui s'avançaient le long de la grand'route de Paris à Orléans.

En présence de ce déploiement de forces, le général Peytavin dut songer à sa ligne de retraite. Il se retira en assez bon ordre par le chemin qu'il avait parcouru le matin, et reprit ses positions autour de Creuzy, s'étendant par sa gauche jusqu'à Sougy.

Nos avant-postes restèrent sur la lisière du bois qui se trouve immédiatement au-dessous de Pourpry.

Le général Martineau-Deschenez, qui commandait la 2ᵉ division du 15ᵉ corps, s'était avancé pendant ce temps de Chevilly sur Arthenay, portant ses avant-postes jusqu'au village d'Assas. Nous savons qu'il n'avait en face de lui que la 2ᵉ division de cavalerie Prussienne, et son avant-garde seulement échangea quelques coups de fusil avec des cavaliers ennemis.

Le général Martin des Pallières se portait, de son côté, de Loury sur Chilleurs-aux-Bois sans rencontrer l'ennemi, qui opérait, ainsi que je l'ai dit, son mouvement de concentration de l'Est vers l'Ouest.

Les 18ᵉ et 20ᵉ corps devant attendre, pour commencer leur mouvement, que la gauche et le centre fussent entrés en ligne, ne bougèrent pas pendant toute la journée du 2. Leurs avant-postes seulement eurent quelques engagements avec des partis ennemis.

La bataille du 2 décembre était, à vrai dire, un insuccès pour notre gauche, mais on ne peut la qualifier de défaite, car nous occupions le soir les positions que nous avions quitté le matin. Notre mouvement en avant se trouvait arrêté de ce côté, mais tout notre centre et notre aile droite étaient intacts et la situation n'avait rien de désespéré.

La nuit du 2 au 3 décembre fut employée à ramasser les trop nombreux blessés qui jonchaient le champ de bataille. Les pertes étaient très-considérables des deux côtés. Les Bavarois surtout avaient beaucoup souffert pendant leur défense du château Goury.

Le général Chanzy, qui cumulait en ce moment les commandements des 16e et 17e corps d'armée, s'était établi pour la nuit à Terminiers, au centre même de sa ligne et de façon à se trouver à portée de ses troupes si l'ennemi tentait de reprendre la lutte dans le courant de la nuit.

Tout semblait faire prévoir une attaque sur nos lignes, et l'on ne peut attribuer qu'aux pertes considérables subies pendant cette journée, par l'armée du grand-duc de Mecklembourg, le répit qu'il nous laissa pendant la nuit et la mollesse de sa poursuite pendant la journée du lendemain.

Le général Chanzy fit demander au général en chef de le faire soutenir par le 15e corps, lui exposant en même temps la situation réelle des choses et le danger que pourrait présenter, le lendemain, une répétition des attaques infructueuses de la journée, sur la ligne Orgères-Janville.

XIII

Le général d'Aurelles, qui n'avait consenti au mouvement offensif sur Pithiviers, que sous la pression des événements, revint tout aussitôt à son plan primitif : *attendre l'ennemi derrière de fortes positions et lasser ses efforts par une résistance insurmontable.*

Son quartier général se trouvait, le 2 au soir, à Arthenay. Il adressa de là des ordres de mouvement à toutes les colonnes placées sous son commandement.

L'objectif de la journée du 3 devait être une concentration de toutes les forces en avant d'Orléans, derrière les épaulements et les tranchées préparées à cet effet, sous la protection des batteries de position qu'on avait établies d'avance, et qui formaient, en quelque sorte, deux lignes de défense.

Le 16° corps devait se reporter en arrière, sur les positions qu'il occupait le 30 novembre au soir, et qui étaient parfaitement connues des troupes. Il devait garder au moyen de ses trois divisions la ligne Saint-Péravy, Boulay, Giddy, défendant ainsi la route de Châteaudun. *(Voy.* pl. i.)

La cavalerie devait s'établir à Tournoisis pour couvrir l'aile gauche.

Le 17ᵉ corps devait aller s'établir en arrière du 16ᵉ, lui servant toujours de réserve, en occupant les différents villages autour de Coulmiers, sa cavalerie vers Epieds, en arrière de celle du 16ᵉ corps.

La division Peytavin devait rétrograder de Creuzy sur Orléans, pour occuper également les positions qu'elle avait quitté le 1ᵉʳ décembre au matin, entre Giddy et Cercottes.

La 2ᵉ division du 15ᵉ corps devait se retirer d'Arthenay sur Chevilly, mais son mouvement ne devait s'opérer que dans le courant de la journée, alors que le mouvement de la gauche serait déjà en bonne voie.

La 1ʳᵉ division du 15ᵉ corps devait se replier de Chilleurs-aux-Bois sur Loury, en coupant derrière elle les différentes routes qui traversent la forêt d'Orléans.

Le 18ᵉ et 20ᵉ corps devaient observer l'ennemi pendant la première moitié du jour, afin d'empêcher un mouvement tournant de sa part, et se mettre en route ensuite pour se porter également dans la direction d'Orléans, en appuyant l'extrême droite à la Loire, afin de fermer le demi-cercle de ce côté.

Le prince Frédéric-Charles avait le projet, ainsi que je l'ai dit, de prendre l'offensive le 3 décembre.

Nous avons vu qu'il avait employé la journée du 2 à concentrer ses troupes : son plan était à la fois très-simple et très-hardi. (*Voy.* pl. I.)

Le 9ᵉ corps devait se porter directement sur Orléans en suivant la route de Paris et l'ancienne voie romaine.

Le 3ᵉ corps, partant de Pithiviers, devait traverser et fouiller la forêt d'Orléans, en s'avançant par les deux côtés de la route de Pithiviers — Orléans.

Le 10ᵉ corps, partant de Boynes, devait se diriger sur la Loire et se rabattre ensuite sur Orléans. Son rôle était peut-être le plus important de tous au point de vue tactique : il devait, en effet, masquer à notre aile droite le mouvement des deux autres corps Allemands et neutraliser en même temps les efforts des 18ᵉ et 20ᵉ corps en leur coupant toute communication avec le gros de l'armée. Toute la 6ᵉ division de cavalerie fut mise, à cet effet, sous les ordres du général Voigts-Reez.

L'armée du grand-duc de Mecklembourg devait opérer sur la droite des lignes Allemandes un mouvement presque analogue. L'objectif du grand-duc devait être de séparer notre gauche de notre centre, en occupant successivement les différentes routes qui convergent du Nord-Ouest et de l'Ouest dans la direction d'Orléans.

Il est facile de voir, d'après cet exposé, que les deux armées en présence devaient exécuter, le 3 décembre, des mouvements presque identiques.

Les Allemands s'avançaient sur Orléans ; nos troupes se retiraient *par ordre* dans la même direction.

Les lignes Allemandes se mirent en marche dès la pointe du jour.

Le mouvement de nos troupes devait commencer par la gauche, et s'étendre successivement de gauche à droite, de façon à ce que les différents corps puissent se prêter un appui mutuel. Notre gauche semblait, en effet, plus exposée ; nous connaissions, après deux jours de bataille, quelles étaient les forces qui lui étaient opposées ; nous ignorions absolument, par contre, les mouvements opérés en face de notre droite par les troupes du prince Frédéric-Charles.

La retraite prescrite par le commandant en chef s'exécuta à gauche, sous la direction du général Chanzy, qui donna, dès ce jour, des preuves incontestables de ses capacités tactiques.

La marche de chaque corps était tracée d'avance. Le mouvement s'opéra sans qu'on eût à regretter ni encombrements de routes, ni alongement des colonnes.

La conséquence immédiate de cette bonne exécution d'une manœuvre aussi difficile fut que nos troupes, fatiguées par les combats des deux derniers jours, n'eurent presque pas à lutter de ce côté, le 3 décembre. On ne signale que quelques engagements d'arrière-garde et une rencontre plus sérieuse à l'extrémité de nos lignes, entre quelques bataillons de francs-tireurs, soutenus par un détachement de cavalerie du 16e corps et une brigade de la 4e division de cavalerie Prussienne, dirigée par le prince Albrecht en personne.

Les 16e et 17e corps occupaient le soir les positions prescrites sur la route d'Orléans à Châteaudun, et plus en arrière vers Coulmiers et Saint-Sigismond.

De forts avant-postes furent laissés à Patay pour surveiller le passage de la Conie, et protéger notre gauche contre une surprise de l'ennemi.

XIV

La 3e division du 15e corps, qui formait, on se le rappelle, la gauche de notre centre, devait, ainsi que je l'ai dit, rétrograder de la ligne Sougy-Creuzy dans la direction d'Orléans, et s'arrêter à la hauteur de Cercottes.

La 22ᵉ division Prussienne, qui s'avançait de Pourpry, fit porter en avant son artillerie divisionnaire et l'établit sur une hauteur, de façon à canonner les villages de l'Encornes et de Trogny, où le général Wittich nous supposait fortement établis.

Le général Peytavin, de son côté, pensant que l'ennemi voulait le tourner par la gauche et redoutant d'être surpris pendant sa marche, fit arrêter ses colonnes et se mit en devoir de répondre au feu de l'artillerie ennemie.

Le général Chanzy, entendant le bruit du canon, avait dirigé la 2ᵉ division du 16ᵉ corps (général Barry) sur Huêtre, afin de soutenir la division Peytavin. Néanmoins, après une canonnade de près de deux heures, et quelques engagements d'arrière-garde, sur la route de Chartres, le mouvement de retraite se poursuivit. Malheureusement, la division Peytavin, quelque peu impressionnée par le feu des batteries ennemies, qui l'avaient beaucoup fait souffrir pendant une partie de sa marche, rétrograda beaucoup plus loin qu'elle n'aurait dû le faire, et ne s'arrêta qu'aux portes d'Orléans, entre Saran et le faubourg de Saint-Jean-la-Ruelle.

La 22ᵉ division Prussienne, n'ayant plus d'adversaires devant elle, continua sa marche et atteignit la route de Paris, en avant de Chevilly.

Ce village était occupé par une partie de la 2ᵉ division du 15ᵉ corps. Nous verrons tout à l'heure comment cette division, ayant à supporter le principal effort de l'ennemi pendant toute la journée du 3 décembre, dut se reporter en arrière jusqu'à Cercottes. Je ne fais que constater ici que Chevilly fut occupé par la **22ᵉ** *division d'infanterie*, faisant partie de l'armée du grand-duc de Mecklembourg.

Le mouvement de cette armée, pendant la journée du 3, est facile à résumer, du reste.

Nous avons vu que le corps Bavarois occupait, le 2 au soir, la ligne Orgères, Loigny, Bazoches-les-Hautes.

Il s'avança le 3 jusqu'à la ligne Guillonville, Terminiers, Rouvraye-Sainte-Croix, obligeant nos avant-postes à se replier en arrière de Patay.

La 17ᵉ division d'infanterie Prussienne, que nous avons laissée à Lumeau, s'avança sur Sougy et de là jusqu'à Huêtre.

Nous venons de voir que la 22ᵉ division, formant la gauche du grand-duc de Mecklembourg, était, le 3 au soir, à droite de la grand'route de Paris, à hauteur de Chevilly.

Les positions des Allemands, de ce côté, se trouvaient ainsi former une ligne oblique sur la direction d'Orléans à Paris, et presque parallèle à la route de Châteaudun, sur laquelle nos forces étaient établies.

XV

Passons maintenant à la gauche des lignes Allemandes : c'est de ce côté que devait se faire leur principal effort.

Le 9ᵉ corps Allemand, placé sous le commandement du général Manstein, se compose de la 18ᵉ division d'infanterie Prussienne et de la 25ᵉ division formée des contingents Hessois. Une brigade seulement de cette dernière division fut engagée; l'autre était employée, encore bien en arrière des lignes Allemandes, à fournir des détachements pour assurer leurs communications.

La 18ᵉ division d'infanterie devait s'avancer à la fois par la grand'route et par le remblai du chemin de fer de Toury sur Arthenay. La 36ᵉ brigade marchait en tête, la 35ᵉ brigade formait la réserve.

La brigade disponible de la division Hessoise devait s'avancer par l'ancienne route de César, de Bazoche-les-Gallerandes, dans la direction de Saint-Lyé.

Nous avons vu qu'Arthenay avait été occupé, le 2, par la division Martineau-Deschesnez (2ᵉ du 15ᵉ corps).

Cette division devait, comme je l'ai dit, se replier sur Chevilly, mais en ne commençant son mouvement qu'alors qu'à sa gauche la retraite de la division Peytavin serait en bonne voie d'exécution. Ses avant-postes étaient établis en avant du village d'Assas. (*Voy.* pl. I.)

Les Prussiens, s'étant mis en route dès la pointe du jour, trouvèrent ce village encore occupé par nous; mais en présence des forces qui s'avançaient, nos avant-postes se replièrent, non sans avoir parfaitement rempli leur devoir. Le général Martineau, qui donna pendant toute cette campagne des preuves d'une énergie peu commune, résolut de défendre Arthenay le plus longtemps possible, tout en dirigeant d'avance sur Chevilly ses convois, ses malades et les autres *impedimenta* de toute nature.

Après avoir arrêté pendant plus d'une heure les efforts des Prussiens, le général Martineau fit établir son artillerie en arrière d'Arthenay, sur une hauteur, au moulin d'Auvilliers. Sous la protection des feux de cette batterie, toute la division se replia en très-bon ordre pour aller occuper le village de Briquet, à mi-chemin à peu près, entre Arthenay et Chevilly.

A droite et à gauche de ce village se trouvaient des épaulements préparés d'avance, et l'artillerie du général Martineau, après avoir fait subir des pertes considérables à l'ennemi, se retira du moulin d'Auvilliers et vint occuper les batteries établies pour la défense du village de Briquet.

Les colonnes Prussiennes essayèrent en vain d'échapper aux feux de nos pièces en tentant d'enlever nos batteries au moyen d'un mouvement sur nos deux flancs à la fois. Nos mitrailleuses, en jetant le désordre dans leurs rangs, les firent bientôt renoncer à cette manœuvre et, sans doute, que tous leurs efforts auraient échoués sur ce point sans l'incident fâcheux qui obligea le général Martineau à prescrire la retraite. On venait, en effet, de lui faire savoir que Chevilly, qui n'était gardé que par un faible détachement, allait être attaqué par des colonnes ennemies venant de l'Ouest.

Nous avons vu que c'était la 22e *division* d'infanterie qui s'avançait de ce côté après avoir fait reculer la division Peytavin. *(Voy.* page 123.)

Le général Martineau comprit immédiatement la gravité de cette nouvelle : il allait se trouver entre deux feux, et sa ligne de retraite pouvait être coupée d'un instant à l'autre.

Il ordonna aussitôt aux troupes placées sous ses ordres de se reporter en arrière, en masquant leur mouvement et en défendant à tout prix les pièces qui leur étaient confiées.

Cette opération s'exécuta dans le plus grand ordre, après que les pièces de marine, qu'on ne pouvait emporter, eurent été enclouées avec soin.

Les Prussiens occupèrent successivement le village de Briquet et les batteries qui leur avaient fait tant de mal; ils arrivèrent bientôt à Chevilly, où ils trouvèrent la division Wittich, dont la présence leur fit comprendre la véritable raison de leur succès.

La brigade Hessoise, qui s'avançait depuis Bazoches-les-Gallerandes, sur l'ancienne voie romaine, ne put dépasser le village d'Aschères. Elle rencontra sur ce point un détachement de la division Martin des Pallières, qui se défendit énergiquement dans le village et qui ne se retira qu'au milieu de la nuit sans être inquiété par l'ennemi.

Voyons, du reste, ce qui se passait en avant de la forêt d'Orléans, pendant que ces combats se livraient autour d'Artenay et de Chevilly.

Le général Martin des Pallières, qui se trouvait le 2 au soir à Chilleurs-aux-Bois, devait, comme nous l'avons dit, se retirer en arrière de Loury, en réglant son mouvement sur celui de la division Martineau. (*Voy.* pl. i.)

Il avait en face de lui le 3ᵉ corps Allemand,

commandé par le général d'Alvensleben et composé des 5ᵉ et 6ᵉ divisions d'infanterie Prussienne. Ces troupes devaient s'avancer en deux colonnes.

La 6ᵉ division, à droite, par la route de Pithiviers à Orléans.

La 5ᵉ division, à gauche, par la route Pithiviers à Jargeau.

Le mouvement des Allemands ayant commencé de fort bonne heure, leurs têtes de colonne nous trouvèrent encore à Chilleurs-aux-Bois.

Le général des Pallières opposa une résistance des plus énergiques aux efforts de l'ennemi. Le général Buddenbrock, qui commandait la 6ᵉ division Prussienne, dut appeler à son aide une brigade de la 5ᵉ division qui se trouvait vers Courcy-aux-Bois, à hauteur de Chilleurs. En présence de ce déploiement de forces, le général des Pallières dut songer à sa ligne de retraite. Il mit ses troupes en route et se replia en très-bon ordre, en coupant derrière lui les chemins de la forêt.

La 6ᵉ division d'infanterie Prussienne s'avança jusqu'à Loury, tandis que la 5ᵉ division, qui n'avait devant elle que de faibles détachements, occupa le même soir Sully-la-Chapelle.

La fusillade, du reste, continua de ce côté pendant une partie de la nuit, car les troupes du général des Pallières, étant chargées de garder tous les débouchés de la forêt d'Orléans, des détachements, en forces plus ou moins considérables, ne se replièrent que vers le soir et durent parfois livrer de véritables combats pour se frayer leur route.

Nous avons vu, notamment, le détachement qui se trouvait à Aschères arrêter pendant toute la journée les efforts de la brigade Hessoise ; cette troupe, en voulant opérer sa retraite par Neuville-aux-Bois et Loury, eut à soutenir, sur ces deux points, des engagements qui lui font le plus grand honneur.

A notre extrême droite, les 18ᵉ et 20ᵉ corps restèrent malheureusement dans l'inaction. Ils devaient, on se le rappelle, observer l'ennemi, protéger la droite de nos lignes et se mettre en retraite sur Orléans, en allant s'appuyer sur la Loire, afin de garder les routes et les ponts si importants qui donnent accès en Sologne. (*Voy.* pl. I.)

Ils n'eurent à soutenir, pendant toute cette journée, que des engagements d'avant-postes, et par suite de circonstances dont j'ai vainement cherché l'explication, ils ne s'occupèrent même pas du mouvement qu'opérait pendant ce temps le 10ᵉ corps Allemand.

Le général Voigtz-Reez descendait, en effet, suivant les prescriptions qu'il avait reçues, de Boynes directement sur Nibelles, qu'il occupait le même soir, faisant tout son possible pour prévenir le gros des forces Françaises sur le canal d'Orléans, au moyen duquel nous aurions pu très-facilement arrêter sa marche et neutraliser tous ses efforts.

La 6e division de cavalerie Prussienne était chargée, tout à la fois, d'éclairer et de masquer la marche du 10e corps. Elle ne remplit que trop bien ce dernier office. C'est elle, en effet, qui, pendant toute cette journée, inquiéta les avant-postes de nos deux corps, les tint en éveil, et détourna leur attention de ce qui se passait à leur gauche.

Voici quelles étaient les positions respectives des deux armées le 3 décembre au soir :

A gauche, le 16e corps occupait la route de Châteaudun, ayant derrière lui le 17e corps établi sur la route de Morée, tout autour de Coulmiers. Ces deux corps avaient en face d'eux l'armée du duc de Mecklembourg sur la ligne Guillonville, Sougy, Chevilly. (*Voy.* pl. I.)

Au centre, le 15e corps formait un arc de cercle autour de Cercottes. La 3e division sur la gauche, mais très en arrière ; la 2e division à Cercottes ; la 1re division à cheval sur la route Pithiviers, vers Marigny, gardant les passages de la forêt d'Orléans.

Deux corps Allemands, le 9e et le 3e, concentraient leurs efforts contre ces deux dernières divisions ; on peut juger par là de l'infériorité numérique dans laquelle nous devions nous trouver le lendemain.

Le général Manstein, avec le 9ᵉ corps, s'étendait de Chevilly jusqu'à Saint-Lyé. Le 3ᵉ corps Allemand occupait la ligne Neuville-aux-Bois, Loury, Sully-la-Chapelle. *(Voy.* pl. I.)

A droite, nos 18ᵉ et 20ᵉ corps étaient en partie repliés dans les directions de Châteauneuf et de Jargeau (par Faye-aux-Loges).

Le 10ᵉ corps Allemand était venu se placer entre notre droite et notre centre et occupait, le 3 au soir, Nibelles, avec le gros de ses forces, tandis que ses avant-postes et sa cavalerie atteignaient déjà les bords du canal d'Orléans.

Le général d'Aurelles, dont le quartier général se trouvait à Arthenay le 2, avait suivi le mouvement de la division Martineau. Le 3 décembre au soir, le grand quartier général de l'armée de la Loire se trouvait à Cercottes.

Le quartier général du prince Frédéric-Charles était à Arthenay, celui du grand-duc de Mecklembourg à Loigny.

XVI

Le général d'Aurelles, aussitôt qu'il eut connaissance des positions de ses différents corps et des progrès de l'ennemi, jugea, non sans raison, que la défense de ses lignes en avant d'Orléans pourrait présenter moins d'avantages que de dangers.

Il résolut de porter son centre derrière la Loire, tandis qu'il étendrait sa droite en amont du fleuve vers Gien et Briare, et sa gauche en aval vers Beaugency et Blois. Il fit connaître par télégraphe à Tours la situation exacte des choses en même temps qu'il annonçait la résolution qu'il avait prise.

Sans attendre la réponse du gouvernement, et en vertu des droits incontestables qu'il tirait, non-seulement de sa position de commandant en chef, mais encore de son expérience, il expédia aux différents corps des ordres de retraite en rapport avec le plan dont je viens de parler. C'est là ce qui explique les mouvements de notre droite et de notre gauche pendant la journée du 4, car les contre-ordres expédiés postérieurement ne parvinrent que trop tard à leurs adresses; le 15ᵉ corps seulement, se trouvant sous la main du commandant en chef lui-même, ressentit le contre-coup des modifications apportées successivement aux desseins du général d'Aurelles.

Le gouvernement, en effet, s'était fait illusion jusqu'alors.

Il avait annoncé au pays les engagements heureux du 1ᵉʳ décembre, en les présentant sous la forme d'une grande victoire.

La journée du 2 décembre avait été considérée

comme indécise, puisque nous occupions le soir nos positions du matin.

En recevant le 3 au soir la dépêche du général d'Aurelles, lui dépeignant la gravité de la situation et lui développant les nécessités d'une prompte retraite, le ministre de la guerre dut croire que le général en chef de l'armée de la Loire s'exagérait singulièrement les choses.

« *Je n'aperçois rien dans les faits que vous me signalez qui soit de nature à motiver la résolution désespérée dont vous m'entretenez.* »

Tels sont les termes dans lesquels il répond à la dépêche du général d'Aurelles.

Ainsi les membres du grand conseil de Tours veulent apprécier, du fond de leur cabinet, la situation des deux armées en présence, sur un développement de près de soixante kilomètres.

On ne peut qu'approuver, en face de cette outrecuidance, la verte réponse du général d'Aurelles :

« *Je suis sur les lieux et mieux en état que vous de juger la situation.* »

Malheureusement, différentes circonstances vinrent, dans la matinée du 4 décembre, modifier les résolutions du général en chef.

Je pense qu'il ne connaissait pas bien exactement la situation de sa droite. Il ne savait pas, sans doute, que le 10e corps Prussien avait déjà atteint à cette heure le canal d'Orléans et que les

18ᵉ et 20ᵉ corps se trouvaient coupés du gros de l'armée. C'était sur leur concours, principalement, qu'il comptait, en modifiant à neuf heures du matin les ordres expédiés dans la nuit. Quoiqu'il en soit, cette modification, ainsi que nous allons le voir, ne changea presque rien à la marche des 16ᵉ et 17ᵉ corps.

Le 15ᵉ corps, dont la retraite se trouva arrêtée, dut contenir à lui tout seul les efforts combinés de toute l'armée Allemande.

D'après les ordres envoyés au général Chanzy, dans la nuit du 3 au 4, celui-ci devait reporter les 16ᵉ et 17ᵉ corps en arrière, dans la direction de Beaugency.

Nous avons vu que l'armée du grand-duc de Mecklembourg occupait une ligne presque parallèle à la nôtre; son objectif étant la prise d'Orléans, elle devait opérer un quart de conversion à gauche, l'aile droite en avant. C'est ce qui eut lieu, en effet, et c'est ce qui explique la nature des engagements qui se livrèrent pendant la journée du 4 décembre entre ces troupes et nos colonnes en retraite.

Le général Chanzy fit commencer son mouvement au point du jour; néamoins, les avant-gardes Bavaroises ayant rencontré, derrière Patay, nos avant-postes prêts à se replier, une vive fusillade s'engagea de ce côté.

Le général Chanzy fit avancer sa 1re division de Saint-Péravy sur Patay pour arrêter l'ennemi, tandis qu'il hâtait le mouvement de retraite de ses deux autres divisions de la ligne Bricy-Boulay-Giddy sur Bucy-Saint-Liphard.

Le 17e corps tout entier servait de réserve à la division Jauréguiberry.

Celle-ci tint tête aux Bavarois pendant une grande partie de la journée, grâce à l'énergie indomptable de son commandant. Sa retraite s'effectua en ordre, en soutenant à droite la retraite fort menacée des deux autres divisions du 16e corps, et l'amiral Jauréguiberry vint s'établir, le soir, en arrière de la route de Coulmiers, à l'Ouest de la forêt de Bucy-Saint-Liphard. (*Voy.* pl. I et II.)

Le 17e corps, plus en arrière et plus à gauche, s'établit le 4 au soir entre Huisseau et Monpipeau, s'étendant jusqu'à Bacon. Il avait vaillamment secondé la 1re division du 16e corps en défendant pied à pied les débouchés de la forêt de Saint-Liphard, pour permettre à nos convois d'échapper à l'ennemi.

La cavalerie avait également soutenu la retraite en couvrant notre extrême gauche, concurremment avec les francs-tireurs, qui eurent même quelques succès et occupèrent Châteaudun dans le courant de la journée, tandis que la cavalerie bivouaquait le soir sur la route de Coulmiers et à Rozières.

Malheureusement, la droite du général Chanzy eut beaucoup à souffrir. Tandis que les Bavarois s'avançaient sur Patay, la 17ᵉ division d'infanterie Prussienne, qui formait, on s'en souvient, le centre de l'armée du grand-duc de Mecklembourg, se portait sur Bricy et de là sur Boulay. Elle atteignit la 2ᵉ division du 16ᵉ corps (général Barry) au moment où son mouvement de retraite venait de commencer.

Il ne faut pas oublier que nos troupes n'avaient encore qu'une expérience de quelques semaines, et qu'elles avaient à exécuter l'opération que tous les bons juges considèrent comme la plus difficile d'entre toutes : *une retraite en présence de l'ennemi.*

Il ne faut pas s'étonner, dès-lors, si nos jeunes troupes, déjà fatiguées par trois jours de combats, ne surent pas conserver dans leurs rangs cet ordre et cette régularité qui constituent la moitié de la force, dans une armée en retraite principalement.

Quoi qu'il en soit, la 2ᵉ division du 16ᵉ corps se retira précipitamment devant les colonnes ennemies. Tous les efforts du général Barry pour arrêter ses troupes en arrière de la forêt de Saint-Liphard furent inutiles ; il fut entraîné par elles jusqu'à Meung et de là, le même soir encore, jusqu'à Mer-sur-Loire, à dix kilomètres au-delà de Beaugency.

Tout ce que je viens de dire de la division Barry s'applique à la 3ᵉ division du 16ᵉ corps sous les ordres du général Maurandy. Elle fut attaquée, dès le matin, entre Boulay et Giddy, par la 22ᵉ division d'infanterie Prussienne, qui s'était établie, la veille au soir, à gauche de la route de Paris, à hauteur de Chevilly. De même que la division Barry, la division Maurandy se replia par Ormes sur Meung et de là, pendant la nuit, jusque sur Mer.

Cette dernière partie de la retraite s'effectua dans le plus grand désordre ; les troupes des deux divisions marchaient pêle-mêle, et ce ne fut que le surlendemain, 6 décembre, que les deux généraux purent reconstituer leurs divisions et les diriger sur les points indiqués par le général en chef.

La retraite précipitée de ces deux divisions découvrait entièrement la gauche du 15ᵉ corps qui se trouvait en arrière de Saran.

Une brigade de la 2ᵉ division de cavalerie Prussienne (Stolberg), précédant le mouvement de l'infanterie, se porta vivement, dès une heure de l'après-midi, par Ormes et Ingré sur la Chapelle, afin de couper la voie ferrée.

C'est ce détachement de cavalerie qui faillit enlever M. Gambetta, qui arrivait en ce moment même de Tours, au moyen d'un train spécial. Le convoi fut arrêté fort heureusement à temps, et put rétrograder sur Beaugency.

XVII

Que se passait-t-il pendant ce temps au centre de nos lignes?

Ainsi que je l'ai dit, le général d'Aurelles, modifiant, vers neuf heures du matin, ses résolutions de la nuit, envoya l'ordre à tous les corps de se concentrer autour d'Orléans, afin de défendre à tout prix l'entrée de cette ville.

Cet ordre n'arriva au général Chanzy qu'alors que son exécution n'était plus praticable. Nous venons de voir qu'il dut poursuivre sa retraite dans la direction de Beaugency.

Quant aux 18° et 20° corps, nous verrons plus tard que cet ordre ne leur parvint jamais; ils n'eussent pu, du reste, s'y conformer davantage que le général Chanzy.

Le 15° corps devait donc à lui tout seul arrêter les efforts des différents corps Allemands.

Nous avons vu que la 3° division (général Peytavin), après avoir combattu le 2 à Pourpry et le 3 à l'Encornes, s'était retiré jusqu'à Saran, presque sous les murs d'Orléans.

La 2ᵉ division (Martineau) se trouvait à Cercottes, avec le quartier-général. Cette position de Cercottes était, du reste, admirablement choisie et fortifiée. S'appuyant, à droite, sur la forêt d'Orléans, elle était couverte, à gauche, par de formidables batteries, armées de pièces à longue portée ; une seconde ligne de défenses, également armée de pièces de marine, se trouvait en arrière, au point où la ligne de Pithiviers se bifurque du chemin direct d'Orléans à Paris.

Plus en arrière encore, la gare des Aubraies était mise en état de défense et les remblais du chemin de fer formaient d'excellents abris pour l'infanterie.

On le voit, les approches d'Orléans étaient merveilleusement bien défendus, et bien des gens n'ont pu comprendre jusqu'à ce jour comment les Allemands s'en sont emparés dans l'espace de quelques heures à peine.

Je pense que, pour tous ceux qui me feront l'honneur de lire ces pages, l'explication de ce fait ne souffrira point de difficultés. Les Allemands, à vrai dire, n'ont *enlevé* ni les batteries de Cercottes, ni celles du chemin de fer. La division Martineau a défendu ces positions avec une énergie indomptable et que l'ennemi lui-même a hautement apprécié.

Nous avons dû évacuer successivement toutes nos positions, en présence de l'isolement dans lequel nous nous trouvions. Nos ailes étaient coupées du centre, nos lignes étaient débordées, notre retraite se trouvait menacée. Nous devions nous retirer, et le général d'Aurelles, en prescrivant la retraite; le général des Pallières, en s'engageant plus tard à évacuer la ville d'Orléans, ont tous deux agi avec sagesse, prudence et patriotisme.

Revenons cependant aux opérations de la journée du 4 décembre.

Nous avons vu que le 9e corps Allemand se trouvait, le 3 au soir, entre Chevilly et Saint-Lyé, s'étendant, par sa gauche, dans la direction de Loury pour donner la main au 3e corps qui occupait la ligne Loury — Sully-la-Chapelle. (*Voy.* pl. I.)

Le 4 décembre, au point du jour, les deux corps Allemands se remirent en marche pour poursuivre leur mouvement concentrique sur Orléans.

La 18e division d'infanterie (du 9e corps) se porte directement de Chevilly sur Cercottes, en suivant à la fois la grande route et le remblai du chemin de fer.

La 36e brigade marche en tête, mais elle est arrêtée bientôt par le feu de nos batteries. C'est en vain qu'elle essaye de tourner nos positions; nos mitrailleuses lui font subir des pertes considérables.

La 35e brigade, qui s'avance à travers la forêt,

fait de vains efforts pour déborder nos lignes de ce côté, le général Martineau tient Cercottes avec une énergie incomparable.

Vers midi cependant, il apprend la retraite du 16ᵉ corps. Sa gauche, dès lors, se trouvait menacée. Il prescrit aussitôt la retraite sur la seconde ligne de défenses, non sans avoir fait enclouer avec soin les pièces de marine qu'il ne peut emmener.

L'ennemi profite immédiatement des mouvements qu'il aperçoit dans nos lignes.

La 36ᵉ brigade prussienne s'élance sur Cercottes, qui n'est plus occupé que par une faible arrière-garde; elle s'empare du village en enlevant quelques traînards, afin de pouvoir écrire dans son bulletin qu'elle a « *pris Cercottes d'assaut, en faisant de nombreux prisonniers.* »

Le général Manstein, cependant, ne fait que traverser le village et poursuit sa route dans la direction d'Orléans.

La division Martineau est allée s'établir derrière le remblai de la ligne d'Orléans-Pithiviers; elle donne la main, à droite, à la division des Pallières; à gauche, à la division Peytavin; le 15ᵉ corps tout entier se trouvait donc massé sous les murs d'Orléans.

La 1ʳᵉ division que nous avons laissée, le 3 au soir, aux environs de Marigny, avait poursuivi sa route, dès le matin du 4, pour venir s'établir dans le secteur compris entre la Loire et le chemin de fer en construction d'Orléans à Pithiviers ; sa droite appuyée au fleuve à hauteur de Saint-Jean-de-Brayes. (*Voy.* pl. I.)

Nous savons qu'elle avait en face d'elle le 3ᵉ corps Allemand, qui s'avançait à travers la forêt, mais dont la marche se trouvait ralentie par les nombreux obstacles qu'on avait accumulés sur toutes les routes.

La 3ᵉ division du 15ᵉ corps (général Peytavin) se trouvait, dès le 3 au soir, aux environs de Saran, gardant ainsi le secteur compris entre la Loire (en aval de la ville) et le chemin de fer de Paris.

Telles étaient, le 4 décembre, vers trois heures de l'après-midi, les positions de nos troupes, et le combat semblait terminé pour ce jour, la nuit arrivant à grands pas.

Tout à coup, sur notre gauche, une vive fusillade se fait entendre.

Ce sont les Bavarois qui, n'ayant plus d'adversaires à combattre, s'avancent directement sur Orléans, qu'ils espèrent occuper dès le même soir.

Une lutte terrible s'engage aussitôt entre leurs têtes de colonnes et notre 3ᵉ division. Le général Von der Thann, qui dirige lui-même le mouvement de son corps, fait établir toutes ses pièces sur la lisière du petit bois qui se trouve en avant de Saran.

Nos troupes se retirent dans les maisons du faubourg de Saint-Jean-la-Ruelle.

Le général Borel, chef d'état-major général, vient lui-même établir en avant du faubourg, une batterie destinée à contre-battre l'artillerie ennemie. Le combat continue malgré l'obscurité.

Le général en chef apprenait, pendant ce temps, ce qui s'était passé sur ses deux ailes, pendant le cours de la journée. Une plus longue résistance était impossible. Il fallait à tout prix sauver le 15° corps et rallier ses divisions au delà de la Loire. Le général d'Aurelles donne ses ordres en conséquence et va lui-même choisir les emplacements de ses troupes sur la rive gauche du fleuve, en chargeant le général des Pallières de veiller avec soin aux détails de la retraite.

La 3° division se replie du faubourg Saint-Jean sur la ville, qu'elle ne fait que traverser pour gagner aussitôt les ponts de la Loire ; les Bavarois occupent presque aussitôt le faubourg qui vient d'être évacué.

Pendant ce temps, la division Martineau se battait toujours derrière la ligne du chemin de fer de Pithiviers, arrêtant les efforts du 9° corps Allemand. Sa retraite s'effectua en très-bon ordre. Les Prussiens n'osèrent pas l'inquiéter ; ils s'arrêtèrent sur la ligne du chemin de fer, et se mirent en mesure d'établir leur artillerie de façon à pouvoir bombarder la ville en cas de résistance.

La 1re division était rentrée en ville dès le matin. Les alertes incessantes de la nuit avaient fatigué les troupes et jeté du désordre dans leurs rangs; quelques détachements seulement occupaient encore les positions qu'elle était chargée de défendre.

Les Prussiens, fort heureusement, n'arrivèrent sur cette ligne que vers cinq heures du soir, et l'obscurité les empêcha de reconnaître la faiblesse de nos positions.

La 6e division d'infanterie Prussienne, qui s'avançait, ainsi que nous l'avons vu, de Sully-la-Chapelle sur Jargeau, eut un engagement sérieux à soutenir contre une brigade de notre 20e corps, qui arrivait de Bellegarde, en vertu des ordres de concentration expédiés dans la nuit du 3 au 4, par le général d'Aurelles. *(Voy.* pl. i.)

Nos troupes se trouvaient au-delà du canal d'Orléans, vers Fay-aux-Loges, et pour suivre la direction qu'on leur avait indiquée, il leur fallait retraverser le canal. Elles firent bravement leur devoir et tentèrent à plusieurs reprises un passage de vive force. Mais, en présence du nombre toujours croissant de leurs adversaires, nos troupes durent renoncer à leur dessein et la petite colonne se porta sur Fargeau pour y passer la Loire.

La 6e division d'infanterie Prussienne traversa elle-même le canal pour se rabattre ensuite sur

Orléans; elle arrivait à hauteur de Saint-Jean-de-Brayes, lorsque déjà notre 1re division s'était mise en retraite.

Vers huit heures du soir, en conséquence, les Bavarois occupaient le faubourg de Saint-Jean-la-Ruelle, tandis que deux corps Prussiens se trouvaient massés tout autour de la ville, sur la rive droite du fleuve.

Le grand-duc de Mecklembourg envoya vers cette heure un parlementaire pour sommer la ville de se rendre.

Le général des Pallières, après quelques pourparlers, signa une convention, par laquelle il s'engageait à faire évacuer la ville dans le courant de la nuit, l'ennemi s'engageant, de son côté, à ne pas ouvrir le feu de ses batteries avant l'heure convenue.

A onze heures du soir, nos dernières troupes passaient le fleuve, et dès minuit les avant-gardes Bavaroises prenaient possession de la ville, suivies de près par tout le corps du général Von der Thann.

XVIII

Avant que d'examiner les résultats de cette malheureuse campagne de trois jours, nous devons dire un mot de ce qui se passa sur notre droite, pendant la journée du 4 décembre.

Le 10ᵉ corps Prussien était arrivé, le 3 au soir, ainsi que nous l'avons vu, jusqu'à Nibelles ; il poursuivit sa route de bon matin, le 4; dépassa le canal, et porta ses avant-postes jusqu'aux environs de Châteauneuf, coupant ainsi toutes les communications entre notre centre et notre aile droite.

Que faisaient cependant les 18ᵉ et 20ᵉ corps? Nous avons vu que, dans l'après-midi du 3, conformément aux ordres généraux du 2 au soir, prescrivant une concentration générale sur Orléans, ces deux corps s'étaient mis en mouvement; nous avons vu aussi qu'une des brigades du 20ᵉ corps qui lui servait en même temps d'avant-garde, s'était avancée assez loin dans la direction d'Orléans et que, dans la matinée du 4 décembre, cette brigade s'était trouvée engagée vers Fay-aux-Loges, avec la 6ᵉ division d'infanterie Prussienne.

Les ordres généraux expédiés par le général d'Aurelles, dans la nuit du 3 au 4, prescrivaient, on s'en souvient, un mouvement de retraite *divergent*.

Le 18ᵉ et le 20ᵉ corps devaient remonter le cours de la Loire et se porter sur Gien et Briare; ce ne fut que le lendemain 4, et vers neuf heures du matin, que le général d'Aurelles fit expédier des contre-ordres, prescrivant de rechef une concentration rapide de tous les corps sur Orléans.

Les ordres de la nuit parvinrent à leurs adresses, tandis que les contre-ordres, expédiés le matin, ne parvinrent jamais aux commandants des 18ᵉ et 20ᵉ corps.

Le général Bourbaki venait de prendre le commandement du 18ᵉ corps; son rang d'ancienneté l'appelait à la direction supérieure des deux corps. Il prescrivit lui-même le mouvement de retraite indiqué dans les premières dépêches du général d'Aurelles.

Le 18ᵉ corps dut se porter directement de Bellegarde sur Gien, tandis que le 20ᵉ devait descendre de Bois-Commun dans la direction de Sully-sur-Loire. Tous ces mouvements s'effectuèrent avec le plus grand ordre.

La 6ᵉ division de cavalerie Prussienne, qui marchait, comme on sait, avec le 10ᵉ corps Prussien, tenta quelques charges sur les colonnes du 20ᵉ corps, mais aucun engagement sérieux n'est signalé de ce côté.

Nos troupes occupèrent le soir les différents villages qui se trouvent sur la rive droite, tout le long de la rivière.

Les divisions du 15ᵉ corps, que nous avons vu traverser les ponts de la Loire, se portèrent dans le courant de la nuit jusqu'à la Ferté-Saint-Aubin où le général d'Aurelles lui-même avait établi son quartier général.

XIX

Orléans se trouvait donc occupé par les Allemands, dès le 4 au soir. Il ne faut pas se le dissimuler, la perte de cette ville avait, cette fois, une bien autre importance qu'alors que les Bavarois s'en étaient emparés le 11 octobre.

Tout l'espoir de la France reposait sur l'armée de la Loire.

Le gouvernement, ébloui tout à la fois et par le succès de Coulmiers et par les efforts vraiment titanesques au moyen desquels il avait rassemblé l'armée de la Loire, était rempli de confiance; il avait su communiquer ce sentiment au pays tout entier.

C'était donc un coup terrible porté à la Défense, aussi bien au point de vue du moral de la nation qu'au point de vue des pertes matérielles.

Nous avions dû laisser à Orléans et tout autour de la ville, les pièces de marine qu'on avait établies pour assurer la défense de nos lignes; quelques canons de campagne étaient aussi tombés aux mains de l'ennemi; tout cela ensemble faisait un total de près de 80 pièces, et dans la situation où nous nous trouvions alors, c'était une perte bien difficile à réparer.

Près de 16,000 hommes manquaient aux appels; une bonne partie d'entre eux se retrouva par la suite; car, au milieu du désordre inévitable qui s'était produit, un grand nombre de soldats s'étaient écartés de leur corps. Des détachements entiers du 15ᵉ corps, par exemple, se trouvaient à Mer, avec les divisions du 16ᵉ corps, tandis qu'en revanche, plusieurs bataillons du 17ᵉ corps avaient passé la Loire en même temps que le 15ᵉ corps.

Néanmoins, les chiffres des prisonniers faits par les Allemands était considérable, beaucoup trop considérable. Mais ce qui était le plus grave, c'est que l'armée de la Loire, proprement dite, avait cessé d'exister; elle était partagée en trois tronçons et c'était à grande peine qu'ils communiquaient entre eux.

Je n'ai pas besoin de rappeler l'impression que causa dans le pays la nouvelle de ce nouveau désastre. On se refusait à y croire.

Le gouvernement, par ses dépêches, avait tellement illusionné la province, qu'on ne voulut voir d'abord qu'une jactance des Allemands dans les cris de joie et de triomphe par lesquels ils saluèrent les premières nouvelles de leurs victoires. Il fallut bien, hélas! se rendre à l'évidence!

Les Prussiens occupaient Orléans, et, pour comble de malheur, les brillants télégrammes que M. Gambetta faisait afficher dans toutes les communes pour annoncer la sortie victorieuse du général Ducrot, recevaient, en même temps, un éclatant démenti, par l'annonce de la retraite de l'armée de Paris sur la rive droite de la Marne.

C'est à la deuxième prise d'Orléans que se termine la seconde période des opérations sur la Loire.

Cependant, avant que d'entamer la troisième et dernière période, disons, en peu de mots, ce que devinrent les 15e, 18e et 20e corps.

Nous les retrouverons plus tard en étudiant l'histoire de la campagne de l'Est, mais comme ils ne quittèrent le bassin de la Loire que dans les derniers jours de décembre, ils appartiennent encore, pendant quelques semaines, au système d'opérations dont nous nous occupons ici.

Leur rôle, du reste, fut purement défensif, et c'est à peine s'ils eurent quelques rencontres avec les avant-postes ennemis.

Le 15e corps, on s'en souvient, était sur la rive gauche. Les divisions, il faut bien le dire, étaient dans le plus grand désordre.

Après avoir bivouaqué à la Ferté-Saint-Aubin, le 4 au soir, le général des Pallières, qui commandait le 15e corps depuis le 2 décembre, fit retirer ses troupes en partie sur Bourges, en partie sur Vierzon; il ne conserva, du reste, son commandement que peu de jours, ayant envoyé lui-même sa démission au ministre de la guerre.

Le général Martineau des Chesnez fut appelé à le remplacer.

Le général Bourbaki venait d'être appelé au commandement supérieur de la 1re armée, formée, quant à présent, des 15e, 18e et 20e corps.

Il s'occupa tout aussitôt de la réorganisation des divisions qui avaient le plus souffert, et le 15e corps fut concentré, à cet effet, aux environs de Bourges.

Les 18e et 20e corps passèrent la Loire, dans les journées qui suivirent le 4 décembre; ils eurent quelques engagements avec la 3e division de cavalerie Prussienne, qui remontait à leur suite la rive droite de la Loire, et vers le 7, une rencontre plus sérieuse eut lieu, tout auprès de Gien, entre le 18ᵉ corps et les têtes de colonne du 3ᵉ corps Allemand, qu'on avait expédié d'Orléans à la poursuite de notre droite.

Quoiqu'il en soit, vers le 10 décembre, ces deux corps étaient établis à hauteur d'Argent et d'Aubigny, sur la grand'route de Bourges, qu'ils étaient chargés de couvrir. Le général Clinchamp fut appelé, à cette époque, au commandement du 20ᵉ corps, en remplacement du général Crouzat.

Le général Billot reprit le commandement supérieur du 18ᵉ corps, qu'il avait exercé, par intérim, jusqu'à l'arrivée du général Bourbaki.

Un mot encore au sujet d'une question souvent agitée. Pourquoi le général Bourbaki n'a-t-il pas prêté secours au général Chanzy, au moyen d'un mouvement vigoureux sur Blois?

Cette diversion aurait pu changer, dit-on, tout le sort de la campagne.

J'avoue que l'objection est faite pour impressionner d'abord; mais je dois dire aussi que le général Bourbaki a donné, dans sa carrière, trop de preuves d'énergie et de courage pour n'être pas fondé à croire que, s'il se déclarait incapable de tenter cette opération si simple, avec les troupes qu'il avait sous la main, à la date où le général Chanzy réclama son concours (10 et 11 décembre), c'est que, sans doute, un mouvement offensif, de quelque côté qu'il pût être dirigé, lui semblait éminemment dangereux.

Nous savons, en effet, que tout le 15ᵉ corps et une partie du 20ᵉ se trouvaient dans un état presque voisin de la désorganisation.

Le général Bourbaki, fort de son expérience, jugeait avec raison qu'il fallait, avant tout, refaire son armée plutôt que de l'exposer intempestivement aux chances d'un combat.

Je n'ai pas insisté sur la disgrâce du général d'Aurelles. L'opinion publique a fait justice du procédé employé envers lui. En étudiant de près la période pendant laquelle il resta à la tête de l'armée de la Loire, on reconnaît qu'il jugeait mieux que personne le véritable état des choses. Ses plans étaient sages et prudents.

Ce fut un malheur, pour lui comme pour la France tout entière, que des considérations politiques dussent primer, à cette époque, toutes les combinaisons stratégiques et tactiques.

TROISIÈME PÉRIODE

(4 Décembre 1870 — 29 Janvier 1871)

FORCES FRANÇAISES

DEUXIÈME ARMÉE

Commandant en chef : Général CHANZY

SEIZIÈME CORPS

Commandant : Général JAURÉGUIBERRY

Première division Général DEPLANQUES
Deuxième   —   — BARRY
Troisième   —   — de CURTEN (ne prend ce command^t qu'à Laval)
Cavalerie   — MICHEL

DIX-SEPTIÈME CORPS

Commandant : Général de COLOMB

Première division Général de ROQUEBRUNE
Deuxième   —   — PARIS
Troisième   —   — JOUFFROY-D'ABBASSE
Cavalerie   — de LONGUERUE

DIX-NEUVIÈME CORPS

Commandant : Général Dargent

Première division	Général	Bardin
Deuxième —	—	Girard
Troisième —	—	Saussier
Cavalerie	—	Abdelal

VINGT-ET-UNIÈME CORPS

Commandant : Général Jaurès

Première division	Général	Rousseau
Deuxième —	—	Collin
Troisième —	—	de Villeneuve
Quatrième —	—	Goujard
Cavalerie	—	Guillon — Général Despeuilles

Corps francs	Commandant : Général	Lipowski
Volontaires de l'Ouest	—	— de Cathelineau
Zouaves pontificaux	—	— de Charrette

FORCES ALLEMANDES

Commandant en chef : S. A. R. le Feld Maréchal, prince Frédéric-Charles de Prusse

TROISIÈME CORPS D'ARMÉE

Commandant, Général d'Alvensleben

5ᵐᵉ Division d'infanterie   Général Stulpnagel
6ᵐᵉ   —   — Buddenbrok

NEUVIÈME CORPS D'ARMÉE

Commandant : Général Manstein

18ᵐᵉ Division d'infanterie   Général de Wrangel
25ᵐᵉ Division (Hessoise)   Prince Louis de Hesse

DIXIÈME CORPS D'ARMÉE

Commandant : Général Voigts-Reez
19ᵐᵉ Division d'infanterie   Général Schwartzkoppen
20ᵐᵉ   —   — Kraatz-Koschlau

...ÉRIODE

TREIZIÈME CORPS D'ARMÉE

...ommandant : S. A. R. le grand-duc de MECKLEMBOURG-SCHWÉRIN

    17me Division d'infanterie   Général TRESKOW
    22me   —   —   WITTICH

...re Division de cavalerie allemande : Commandant, Gén. HARTMAN

    1re Brigade Général LUDDERITZ
    2me   —   —   BAUMGARTH

...me Division de cavalerie : Commandant, Gén. comte de STOLBERG

    3me Brigade Général COLOMB
    4me   —   —   BARNEKOW
    5me   —   —   BAUMBACH

...me Division de cavalerie : Commandt, S. A. R. le Prince ALBRECHT

    8me Brigade Général HONTHEIM
    9me   —   —   BENHARDI
    10me   —   —   KROSIGK

5me Division de cavalerie : Commandant, Général RHEINBABEN

    11me Brigade Général BARBY
    12me   —   —   BREDOW
    13me   —   —   REDERN

(*Voy.* pour les détails les tableaux des 1re et 2me Périodes).

TROISIÈME PÉRIODE

(4 Décembre 1870 — 29 Janvier 1871)

XX

Nous abordons maintenant l'étude de la troisième période des opérations militaires dont le bassin de la Loire a été le théâtre.

Cette période s'étend depuis le 4 décembre, date de l'évacuation d'Orléans, par l'armée de la Loire, jusqu'à la signature de l'armistice.

Cette partie de la campagne est beaucoup mieux connue que les autres, sans aucune exception.

Le livre si complet du général Chanzy retrace,

jour par jour, l'histoire de la deuxième armée de la Loire.

D'un autre côté, M. de Freycinet, dans son travail sur la *Guerre en Province*, donne toutes les explications possibles sur l'organisation des différents corps et sur les considérations générales qui eurent une si grande influence sur certains mouvements de nos troupes.

Plusieurs brochures également parues, soit en province, soit à Paris, donnent de nombreux détails sur les différentes phases de cette lutte, presque incessante.

J'ai tâché de profiter de ces travaux, je m'accuse d'avance de n'être qu'un plagiaire.

J'ai pillé surtout le livre du général Chanzy ; j'espère, néanmoins, offrir un ensemble assez intéressant, grâce aux détails que j'ai puisé dans les correspondances des journaux Allemands et Anglais, et à l'aide desquels j'ai essayé de reproduire l'aspect exact des armées en présence.

Les Bavarois avaient occupé Orléans dans la nuit du 4 au 5. Le reste de l'armée du grand-duc de Mecklembourg fit son entrée dans la matinée du 5.

Le 9e corps, sous les ordres du général Manstein, entra ensuite, suivi par les deux divisions du 3e corps (général d'Alvensleben).

Le prince Frédéric-Charles, dont le quartier général était à Cercottes, le 4 au soir, se transporta de sa personne à Orléans, le 5, à deux heures de l'après-midi.

Il importe de faire remarquer ici que l'état-major Allemand n'avait aucune idée de la situation exacte de nos différents corps, au lendemain de leur retraite.

Le prince Frédéric-Charles croyait très-sincèment que l'armée de la Loire toute entière était rejetée en désordre, sur la rive gauche de ce fleuve.

Les colonnes qu'on lui signalait sur la rive droite comme battant en retraite, aussi bien en aval qu'en amont de la ville, n'étaient, dans son esprit, que des détachements, plus ou moins considérables, qui cherchaient leur salut dans la fuite.

Les dispositions prescrites par le commandant en chef de l'armée Allemande, dans la journée du 5, se ressentent évidemment des illusions qu'il nourrissait à cet égard.

Le 3ᵉ *corps* devait remonter la Loire par les deux rives à la fois ; il avait pour instructions de s'opposer au passage du fleuve par les détachements qu'il pourrait rencontrer, et devait, en même temps, ramasser les traînards et tous les prisonniers qu'il pourrait recueillir.

Le général d'Alvensleben devait s'avancer ainsi jusqu'à Gien, mais sans dépasser cette ville.

Le 9ᵉ *corps* devait passer sur la rive gauche de la Loire et se rabattre ensuite sur Chambord et sur

Blois, en prenant Tours pour objectif. Ses instructions générales étaient, du reste, les mêmes que celles du 3ᵉ corps.

Le 10ᵉ *corps* devait venir à Orléans dans la journée du 6, afin de tenir garnison dans la ville, et d'être en même temps sous la main du général en chef pour servir de réserve en cas de besoin.

La 6ᵉ *division de cavalerie* devait se porter également sur la rive gauche de la Loire, et pénétrer en Sologne en suivant le mouvement de retraite de nos troupes, sur Vierzon et Bourges.

Enfin, l'*armée du grand-duc de Mecklembourg* devait descendre la rive droite de la Loire, parallèlement au 9ᵉ *corps*, qui descendait la rive gauche, leur objectif commun devant être l'occupation de Tours.

L'armée du grand-duc devait s'étendre à droite, de façon à s'appuyer par l'une de ses ailes au Loir, vers Châteaudun, tandis que l'autre s'appuyait à la Loire.

Les 2ᵉ et 4ᵉ *divisions de cavalerie* restaient à la disposition du grand-duc, tandis que la 5ᵉ *division (Rheinbaben)* marchait avec le 3ᵉ *corps* sur Gien.

Il peut être intéressant de donner ici quelques chiffres indiquant la force respective des différents corps que nous avions à combattre.

Ces chiffres sont empruntés à un rapport du capitaine Hozier, correspondant du *Times*, attaché, à cette époque, en qualité de représentant militaire anglais, auprès du quartier général Allemand.

Voici quelles sont ses évaluations :

ARMÉE DU GRAND-DUC DE MECKLEMBOURG

1ᵉʳ corps Bavarois............	15,000	hommes
17ᵉ division d'infanterie........	10,000	—
22ᵉ division d'infanterie........	10,000	—
	35,000	hommes

ARMÉE DU PRINCE FRÉDÉRIC-CHARLES

9ᵉ corps Allemand............	15,000	hommes
3ᵉ corps	15,000	—
10ᵉ corps	8,000	—
Total........	38,000	hommes
Report, armée du grand-duc.	35,000	—
Ensemble.....	73,000	hommes

Il importe d'observer ici que les trois corps amenés par le prince Frédéric-Charles, ayant parcouru, depuis Metz, une route très-longue et sur laquelle leurs convois circulaient toujours, ils avaient dû laisser en arrière de forts détachements chargés de garder les différentes villes qui se trouvent sur la route, et de protéger en même temps les convois de vivres et de munitions contre les attaques des francs-tireurs.

C'est ainsi que le 10° corps avait, à cette époque, presque toute une division en arrière ; tous ces détachements devaient, du reste, rejoindre successivement leurs corps, au fur et à mesure qu'ils étaient relevés dans leurs positions par les troupes de landwehr, expédiées d'Allemagne, et dont la mission principale était précisément la surveillance des routes, en arrière des armées d'opérations.

Les trois corps Allemands menaient avec eux une nombreuse artillerie qu'on peut évaluer à près de quatre-vingts pièces pour chacun d'eux.

Les quatre divisions de cavalerie qui opéraient sous les ordres suprêmes du prince Frédéric-Charles, comptaient environ dix mille cavaliers, parfaitement montés.

Nous avions donc en face de nous près de quatre-vingt-dix mille hommes, et ce chiffre, loin de diminuer, ne faisait que grossir au fur et à mesure de la rentrée des détachements, laissés en arrière.

Voyons cependant ce qui se passait dans nos lignes au lendemain de l'évacuation d'Orléans.

J'ai dit plus haut quelles étaient les positions occupées, le 4 décembre au soir, par les différentes divisions des 16° et 17° corps.

Le gros de nos forces se trouvait massé en arrière de la forêt de Saint-Liphard, entre la route de Coulmiers et la Loire. Le quartier géneral était à Bacon. La retraite continua, pendant la journée du 5, sans être trop inquiétée, fort heureusement.

L'ennemi, tout entier à son triomphe, ne songeait qu'à faire son entrée dans Orléans. Nous avons vu que l'armée du grand-duc de Mecklembourg se trouvait dans cette ville dès le 5 au matin.

Sans doute que si l'état-major Prussien et le prince Frédéric-Charles, surtout, avaient pu se douter de l'importance de ce répit, pour la suite des opérations, ils ne nous l'auraient point accordé. C'est à la faveur de cette journée de calme que le général Chanzy put, en effet, rétablir un peu d'ordre dans ses colonnes et les porter sur les points les plus favorables à la défense.

Le Gouvernement de Tours, en apprenant l'évacuation d'Orléans, se laissa aller d'abord à un mouvement de découragement.

Néanmoins, le sentiment de la responsabilité qu'il avait assumée lui inspira presque aussitôt une combinaison à la fois stratégique et politique.

L'Armée de la Loire était coupée en deux...

M. Gambetta, faisant connaître au pays l'échec que nous avions éprouvé en avant d'Orléans, et l'évacuation de cette ville, lui annonçait en même temps *qu'il y avait désormais deux armées d'opérations sur la Loire.*

La première, sous les ordres du général Bourbaki.
La deuxième, sous les ordres du général Chanzy.

Voilà comment le général Chanzy fut appelé au commandement en chef de la deuxième armée.

Cette armée se composait d'abord des 16ᵉ et 17ᵉ corps, que le général avait déjà sous ses ordres. On y ajouta le 21ᵉ corps, qui était placé sous les ordres du général Jaurès, et tenait à Marchenoir les positions précédemment occupées par le 17ᵉ corps.

L'organisation du 21ᵉ corps n'était pas achevée. Il ne comptait à ce moment que trois divisions; la quatrième, qui existait sur le papier, était en voie de formation sous l'habile direction du général Goujeard; elle ne tarda pas, du reste, à venir prendre sa part de la lutte.

Je me réserve de donner tout à l'heure la composition exacte de ces différents corps, tels qu'ils existèrent jusqu'à la fin de la campagne.

J'ajoute seulement qu'à la première nouvelle des échecs de nos troupes, le ministre de la guerre avait envoyé, de Tours sur Beaugency, toutes les troupes qu'il avait sous la main.

C'étaient quelques bataillons de mobiles et quelques compagnies de gendarmes, qui devaient former plus tard, dans l'esprit du ministre, le noyau d'un nouveau corps d'armée.

Cette petite colonne, placée sous les ordres du général Camô, prit rang dans l'armée du général Chanzy, et forma l'extrême-droite de nos lignes.

Le général Chanzy était à Josnes quand il reçut, le 5, dans l'après-midi, l'avis de sa nomination. Ses troupes étaient encore en marche.

Il prit, dès le même soir, toutes ses dispositions pour établir les différentes colonnes sous ses ordres de façon à ce qu'elles puissent se prêter mutuellement appui, et présenter à l'ennemi une barrière assez solide pour défier ses efforts. (*Voy.* pl. ii.)

Le 21ᵉ corps resta chargé de la défense de la forêt de Marchenoir. Il avait à sa gauche les différents corps de francs-tireurs, qui se retiraient directement de Coulmiers, par Binas, sur Morée.

La 1ʳᵉ division du 16ᵉ corps dut aller s'établir à Lorges, en face de la pointe Sud-Est de la forêt de Marchenoir.

La cavalerie du 16ᵉ corps mettait cette division en communication avec le 21ᵉ corps à gauche.

Les trois divisions du 17ᵉ corps durent aller occuper la ligne Cravant-Villorceau-Messas, en portant leurs avant-postes jusqu'au delà de la route de Charsonville, qu'il importait de défendre.

Une partie de la colonne du général Camô fut avancée de Beaugency sur Meung, que ces troupes devaient occuper.

On se rappelle que les 2ᵉ et 3ᵉ divisions du 16ᵉ

corps s'étaient repliées, dans la nuit du 4, jusque sur Mer, à dix kilomètres au-delà de Beaugency.

Le général Chanzy leur expédia l'ordre de se reporter en avant, et de venir se mettre en ligne entre Messas et la Loire. Par suite de circonstances diverses, ces ordres furent modifiés plus tard.

Le général Maurandy, avec la 3ᵉ division du 16ᵉ corps, dut passer la Loire à Beaugency, pour aller occuper le parc et le château de Chambord, afin de garder ainsi les abords de Blois, sur la rive gauche.

Le général Barry, avec sa division, dut se porter sur Blois et mettre cette ville en état de défense, en laissant une de ses brigades à Mer, pour surveiller la route qui longe le fleuve sur la rive droite.

Telles furent les dispositions générales arrêtées par le nouveau commandant en chef, qui donna, dès cet instant, des preuves de sa haute capacité tactique.

Notre ligne de bataille s'étendait, en conséquence, le 5 au soir, de Saint-Laurent-des-Bois jusqu'à Meung : sa droite appuyée à la Loire, sa gauche contre la forêt de Marchenoir.

Nous avons vu que le prince Frédéric-Charles avait prescrit au grand-duc de Mecklembourg de poursuivre nos colonnes en retraite sur Beaugency. Pour le grand-duc, comme pour le prince et son état-major, ce n'étaient là que des débris, en partie débandés, complétement incapables de présenter une résistance sérieuse.

Cette illusion des états-majors Prussiens ne se dissipa qu'après les combats du 7 et du 8, dont nous rendrons compte tout à l'heure, mais elle explique les dispositions prises par le grand-duc de Mecklembourg dans la matinée du 6. Croyant, en effet, que la poursuite de nos troupes serait surtout l'affaire de ses divisions de cavalerie, il étendit sa ligne de bataille d'une façon presque démesurée.

La 22ᵉ division d'infanterie formait sa droite, les Bavarois étaient au centre ; la 17ᵉ division d'infanterie à gauche.

La 4ᵉ division de cavalerie couvrait l'aile droite au-delà de Tournoisis.

La 2ᵉ division (Stolberg) s'avançait à la fois le long de la Loire, et dans l'intervalle qui séparait les Bavarois de la 17ᵉ division.

Toutes ces troupes quittèrent Orléans le matin du 6, et se dirigèrent, sans trop se presser, sur les positions qui leur étaient indiquées.

Dans le courant de la journée, quelques escadrons de la 2ᵉ division de cavalerie (Stolberg) s'avancèrent sur Meung. Les gendarmes de la colonne Camô qui occupaient cette ville se replièrent un peu trop précipitamment. Les hussards prirent possession de Meung, et le général Trescow (17ᵉ division) fit occuper cette position par quelques troupes de sa division.

Le général Chanzy, à la nouvelle de ce petit échec, modifia quelque peu ses dispositions, en reportant la division Jauréguiberry (1re du 16e corps) sur Messas, pour garder la ligne Villorceau — Beaugency.

La colonne Camô devait occuper fortement les abords de cette ville et notamment le ravin de Vernon. (*Voy.* pl. II.)

Le 17e corps formait notre centre et s'étendait de Villorceau par Cravant jusqu'à Lorme.

Le 21e corps restait dans ses positions.

Le quartier-général était à Josnes, à quelques kilomètres seulement en arrière de nos lignes.

La cavalerie du 16e, de même que celle du 17e corps, devait faire des reconnaissances spéciales et journalières, en se portant bravement très en avant de nos lignes, tout à la fois pour observer l'ennemi et lui donner le change sur nos projets et sur notre force.

Telles étaient les positions respectives des deux armées en présence, le mardi 6 décembre au soir.

XXI

Le lendemain matin de bonne heure, toute la ligne Allemande se mit en mouvement.

La 17ᵉ division d'infanterie, qui se trouvait à gauche, occupait Meung depuis la veille au soir.

Son avant-garde, formée des 76ᵉ et 90ᵉ régiments, sous les ordres du colonel Manteuffel, débouche de cette ville, en marche sur Beaugency.

Elle est accueillie tout aussitôt par une vive fusillade partant des avant-postes de la colonne Camô; bientôt l'artillerie divisionnaire de la division Jauréguiberry se met en batterie tout auprès de Messas et force les Prussiens à reculer sur Meung, afin d'attendre l'arrivée des deux autres régiments de leur division.

Nos troupes, enhardies par ce succès, avancent à leur tour pour attaquer les ennemis en retraite. Le combat reprend avec une extrême violence.

Les Prussiens avaient établi une batterie, à droite de la ligne du chemin de fer, pour contrebattre notre artillerie. Néanmoins, nos troupes avancent toujours ; l'amiral Jauréguiberry, avec toute l'énergie qu'on lui connaît, veut reprendre Meung et concentre tous ses efforts sur ce point.

La 17e division Prussienne subit des pertes considérables ; un peu de désordre se met dans les rangs des régiments engagés depuis le matin, le général Treskow va prescrire la retraite, lorsque, malheureusement, les Bavarois arrivent à son aide et viennent soutenir sa droite en ouvrant leur feu contre la division Jauréguiberry, qui s'avance de Messas sur Meung.

La nuit allait venir, le combat menaçait d'être par trop inégal, et l'amiral dut prescrire la cessation du feu.

Nos troupes allèrent reprendre les positions qu'elles occupaient le matin ; l'ennemi, de ce côté du moins, n'avait pas gagné un pouce de terrain.

Au centre, les Bavarois avaient attaqué, dès le matin, les avant-postes du 17e corps, sur la route de Charsonville. Ceux-ci s'étant repliés sur leurs divisions respectives, les Bavarois s'arrêtèrent, en entendant le canon qui grondait sur leur gauche ; nous venons de voir qu'ils appuyèrent de ce côté pour prêter leur secours à la 17e division Prussienne.

A la droite des lignes Allemandes, la 22e division, s'avançant par Charsonville et Baccon, voulut tenter un mouvement tournant sur notre gauche; mais l'amiral Jaurès, qui gardait avec grand soin les débouchés de la forêt, les repoussa sur Ozouer et sur Bacon. (*Voy.* pl. ii.)

À la fin de cette journée du 7, nos positions étaient, en conséquence, presque les mêmes que la veille. Nos avant-postes seulement avaient dû se rapprocher de nos lignes.

L'ennemi occupait, le 7 au soir, la route de Charsonville à Meung, son aile droite s'avançant jusqu'à Ozouer-le-Marché dans la direction de Morée.

Le général Chanzy, très-satisfait des résultats de la journée, résolut de profiter de l'ardeur de ses troupes pour tenter le lendemain de prendre, à son tour, l'offensive.

Il prescrivit, en conséquence, au général Jaurès de s'avancer de Poisly et de Lorges dans la direction d'Ozouer, pour repousser l'aile droite allemande sur Charsonville et Bacon. (*Voy.* pl. ii.)

Les autres divisions, au centre et à droite de nos lignes, devaient se tenir prêtes à repousser l'ennemi, s'il renouvelait son attaque de la veille.

Au risque de me répéter, je crois devoir indiquer encore les positions occupées par nos troupes dans la nuit du 7 au 8 décembre; il est nécessaire de les connaître bien nettement pour se rendre un compte exact de la bataille du lendemain.

Notre gauche était formée par le 21ᵉ corps, qui gardait les débouchés de la forêt de Marchenoir; la 2ᵉ division (général Collin) se trouvait établie à Poisly, se reliant, par sa droite, avec la 3ᵉ division du 17ᵉ corps, à Lorges.

Le général Jaurès, avec la réserve, se trouvait en arrière de ses lignes, à Marchenoir.

Notre centre était formé par le 17ᵉ corps qui occupait, depuis Lorges, une ligne courbe passant en arrière de Cravant et de Cernay pour s'étendre jusqu'à Villorceau.

La route de Cravant à Beaugency était gardée par des avant-postes qui se reliaient à Messas avec la 1ʳᵉ division du 16ᵉ corps.

Notre droite, qui s'étendait jusqu'à la Loire à Beaugency, était gardée par la 1ʳᵉ division du 16ᵉ corps et par les troupes du général Camó qui occupaient Vernon.

L'amiral Jauréguiberry, qui venait d'être appelé au commandement supérieur du 16ᵉ corps, fut chargé de la direction générale de notre droite.

Le général Desplanques le remplaça à la tête de la 1ʳᵉ division.

Le 8 décembre, au point du jour, la bataille s'engagea sur notre gauche.

La division Collin, au moment de commencer son mouvement en avant, fut attaqué elle-même par l'avant-garde de la 22ᵉ division Prussienne, s'avançant par Mézières et Villermain. Le général Wittich avait fait établir ses batteries, augmentées de l'artillerie de réserve du corps Bavarois, entre ces deux villages. *(Voy.* pl. II.)

Le général Collin fit demander, à son tour, du renfort au général Jaurès, et le combat se poursuivit pendant toute la journée sans que nos troupes cédassent une seule des positions qui leur étaient confiées.

Vers le milieu de la journée, le général Wittich, appelant à lui la 4ᵉ division de cavalerie du prince Albrecht, essaya de déborder la droite du général Collin, en faisant opérer plusieurs charges dans la direction de Lorges; mais nos troupes, habilement dirigées, laissèrent approcher les escadrons ennemis jusqu'à trois ou quatre cents mètres de leurs lignes et les accablèrent, à ce moment, sous une véritable grêle de balles.

La journée s'acheva de cette façon : nous conservions toutes nos positions, et l'ennemi, qui avait subi des pertes très-considérables, dut reporter sa droite en arrière, vers Ozouer et Bacon, ne laissant que des avant-postes à Mézières et Villermain.

Pendant que ce combat se livrait sur notre gauche, les deux divisions Bavaroises, qui formaient le centre des lignes Allemandes, luttaient contre notre 17ᵉ corps.

Dès le matin, de bonne heure, le général Von

der Thann avait enlevé les villages de Cravant, de Beaumont et du Mée, qui n'étaient gardés que par des avant-postes.

Ses colonnes, s'avançant parallèlement, dépassent la route de Cravant-Beaugency, se portant sur le petit village de Cernay.

Les batteries divisionnaires Bavaroises étaient établies sur une hauteur en arrière de Cravant.

Le général de Flandres, à la tête de la 3ᵉ division du 17ᵉ corps, se porte rapidement de Lorges sur Cernay pour arrêter l'ennemi. Une lutte des plus acharnées s'engage tout aussitôt. Le général de Flandres tombe grièvement blessé.

La 2ᵉ division du 17ᵉ corps vient soutenir la 3ᵉ, et pendant une partie de la journée, on se dispute la possession de Cernay.

Pendant ce temps, la 1ʳᵉ division du 17ᵉ corps (général Roquebrune) essaye de déborder la gauche des Bavarois. Elle s'avance de Villorceau sur Beaumont, au-delà de la route de Cravant-Beaugency. L'amiral Jauréguiberry soutient ce mouvement en portant la division Desplanques (1ʳᵉ du 16ᵉ corps) sur le village du Mée, qu'on enlève au pas de course.

Une lutte des plus acharnées s'engage autour de Beaumont. Le village est pris et repris plus de cinq fois.

Neanmoins, les Bavarois, dont la ligne de bataille

se trouvait ainsi dans une direction presque perpendiculaire au front de leur armée, commencent à retirer les troupes engagées du côté de Cernay.

Ils concentrent leurs efforts dans la défense de Cravant qui brûle.

Le combat continue de cette façon jusqu'à la nuit. Nous restions maîtres de la plupart de nos positions, et, sur la route même de Cravant-Beaugency, nos avant-postes occupaient le village du Mée, tandis que ceux des Bavarois se trouvaient à Cravant.

Malheureusement, à droite, nous étions moins heureux.

La 17ᵉ division d'infanterie Prussienne renouvela, dès le matin, ses attaques de la veille sur Beaugency.

Nous venons de voir que l'amiral Jauréguiberry avait porté la division Desplanques au soutien du général Roquebrune, dans la direction du Mée.

Messas ne restait gardé que par un bataillon.

L'avant-garde des Prussiens, composée, comme la veille, des 76ᵉ et 90ᵉ régiments d'infanterie, repousse d'abord les avant-postes de la colonne Camô et enlève rapidement le village de Messas, pour se porter ensuite, par la route de Cravant, sur Beaugency.

La brigade de réserve s'avance en même temps

sur cette ville en suivant la ligne du chemin de fer et la grand'route.

Le général Camô occupait, en avant de Beaugency, le petit village de Vernon.

Cette position était très-bonne et les Prussiens, pour l'atteindre, avaient à traverser un ravin, assez profond et dont ils n'auraient pu se rendre maîtres qu'au prix des plus grands sacrifices.

Malheureusement, des ordres *émanés de Tours* prescrivaient au général Camô un mouvement en arrière.

L'approche de la brigade Allemande qui descendait de Messas lui fit craindre de se voir coupé de sa ligne de retraite. Il ordonna à ses troupes d'évacuer Vernon, et ne laissant qu'une partie de sa colonne à Beaugency; il reporta le reste en arrière jusqu'à Tavers, sur la route de Mer.

Les Prussiens occupèrent immédiatement Vernon, qui était, à vrai dire, la clef de Beaugency.

Le combat s'était arrêté de ce côté, vers trois heures de l'après-midi, la division Desplanques, dont la présence était indispensable au centre, ne pouvant venir soutenir la colonne du général Camô.

Vers neuf heures du soir, à la faveur de l'obscurité, deux bataillons de la 17e division d'infanterie pénétrèrent dans Beaugency.

Une panique effroyable se répandit dans la ville.

Les troupes que le général Camô avait laissées en arrière pour garder cette position, se retirèrent dans le plus grand désordre dans la direction de Mer, et les Prussiens se trouvèrent définitivement maîtres de Beaugency.

Presqu'à la même heure, les avant-postes de la division Roquebrune se laissèrent malheureusement enlever, également par surprise, le petit village de Mée, que les Bavarois occupèrent immédiatement en forces. L'ennemi se trouvait ainsi en possession de toute la route de Beaugency à Cravant et au-delà jusqu'à Binas.

De notre côté, nous avions, dans le courant de la soirée, réoccupé le village de Cernay, en enlevant le poste Bavarois qu'on y avait laissé.

Voici quelles étaient donc les positions des deux armées, le 8 au soir :

A notre gauche, le 21ᵉ corps occupait les mêmes emplacements que la veille : à l'Est de la forêt de Marchenoir, depuis Autainville et Saint-Laurent-des-Bois jusqu'à Lorges. *(Voy.* pl. II.*)*

Au centre, le 17ᵉ corps s'étendait depuis Lorges, par Ourcelles, jusqu'à Villorceau.

Notre droite occupait une ligne oblique de Villorceau à Tavers ; la colonne Camô s'était repliée en désordre et presque tout le poids de la défense de ce côté semblait devoir porter sur la division Desplanques.

La ligne Allemande, presque parallèle à la nôtre, suivait la route de Binas à Beaugency.

La journée du 8 avait été très-sanglante.

Nos pertes étaient considérables, celles de l'ennemi n'étaient pas moindres ; le corps Bavarois, surtout, avait beaucoup souffert.

Dès la veille au soir, du reste, le prince Frédéric-Charles, averti de l'erreur qu'il avait commise à l'égard de nos forces, avait donné l'ordre au général Voigts-Reez de se porter au secours du grand-duc de Mecklembourg.

Le 10ᵉ corps quitta Orléans le 8 au matin, et arriva dans la journée à Meung ; il ne fut donc pas engagé, le 8, mais il n'en prêta pas moins, dès ce jour, l'appui moral de sa présence aux troupes du grand-duc de Mecklembourg.

XXII

Cette journée du 8 décembre causa un véritable sentiment de stupeur dans les états-majors Allemands. Cette armée de la Loire, que l'on croyait détruite ou dispersée, se retrouvait tout à coup en forces considérables.

Il est curieux et instructif de lire les correspondances adressées à cette époque aux journaux Anglais et Allemands.

Un sentiment d'inquiétude générale se manifeste dans toutes ces lettres.

On reproche, en termes assez vifs, au prince Frédéric-Charles d'avoir perdu deux jours à Orléans et de n'avoir pas su profiter, dès le 5, de la victoire du 4 décembre.

« *A aucun moment de la campagne, la situation n'a été aussi grave pour les Allemands que le jour de la bataille de Beaugency, le 8 décembre 1870.* »

Tels sont les termes dont se sert le correspondant de la *Gazette de Silésie*, l'un des écrivains militaires les plus remarquables de l'Allemagne.

C'est vers cette époque aussi qu'on publia à Berlin, dans le *Kladeradatch*, cette caricature qui fit d'autant plus de bruit, que ce journal, sorte de charivari Allemand, est connu pour traduire le sentiment de la bourgeoisie Berlinoise.

Le caricaturiste représentait *la Rentrée du Roi* dans sa bonne capitale.

Des arcs-de-triomphe l'attendent, les maisons sont pavoisées, les rues jonchées de fleurs.

Le futur empereur s'avance, suivi seulement de son fils et du prince Frédéric-Charles, *les deux premiers maréchaux de la maison de Hohenzollern*.

— *Et l'armée!* s'écrie la foule impatiente de saluer nos vainqueurs.

— *L'armée! répond un plaisant, l'armée!... Elle est restée en France, elle n'en reviendra plus!*

J'ai cité cette anecdote pour indiquer bien clairement la situation des esprits en Allemagne, à la suite des combats livrés par le général Chanzy; encore convient-il d'observer que les correspondants Allemands ne transmettaient que l'écho bien affaibli des plaintes et des inquiétudes qui rongeaient, à cette époque, les états-majors du grand-duc de Mecklembourg et du prince Frédéric-Charles lui-même.

Ce dernier, en apprenant, dans la nuit du 8 au 9, les détails du combat de la journée, prit immédiatement des mesures pour réunir toutes ses forces contre le général Chanzy.

Le 3ᵉ *corps*, qui se trouvait à Gien depuis la veille, fut rappelé sur Orléans, pour être porté ensuite sur Beaugency.

Le 10ᵉ *corps* était parti dès le matin, et se trouvait le 8 au soir à Meung, à la disposition du grand-duc de Mecklembourg.

Celui-ci reçut l'ordre de renvoyer à Orléans, aussitôt que cela lui serait possible, le corps du général Von der Thann, qui avait énormément souffert dans tous ces combats et qui avait absolument besoin de se refaire.

Les 17ᵉ et 22ᵉ *divisions d'infanterie* devaient rester sous les ordres du grand-duc de Mecklembourg, et former désormais le 13ᵉ *corps d'armée*.

Le 9ᵉ *corps*, qui descendait la rive gauche de la Loire, et qui se trouvait, le 8 au soir, à Saint-Laurent-des-Eaux, reçut l'ordre de hâter son mouvement sur Blois, afin de passer, s'il le pouvait, le fleuve sur ce point et de prendre à revers la droite de nos lignes. *(Voy.* pl. II et V.)

Nous verrons plus tard comment ces prescriptions furent exécutées.

J'ai tenu seulement à indiquer le sentiment incontestable d'inquiétude qui existait, le 8 au soir, dans les conseils Allemands.

Tous ces ordres furent expédiés dans la nuit même, et les mouvements prescrits devaient s'effectuer dès le 9 au matin.

Revenons cependant au quartier-général du général Chanzy.

Nous avons vu quelles étaient les positions occupées par nos troupes le 8 décembre au soir.

L'extrême-droite de nos lignes se trouvait très en arrière vers Tavers, et l'ennemi menaçait de déborder notre centre en concentrant ses efforts sur ce point.

Le premier soin du général en chef fut de prescrire une rectification de notre ligne de bataille, en établissant, à cet effet, la division Desplanques (1ʳᵉ du 16e corps) à hauteur de Tavers, vers Toupenay.

Le 17e corps formait toujours notre centre depuis Toupenay, par Ourcelles, jusqu'à Lorges.

Le 21e corps, formait notre gauche depuis Lorges, par Poisly et Saint-Sauveur, jusque vers Autainville.

La matinée du 9 se passa presque dans le calme.

A notre gauche, une forte canonnade se poursuivit pendant tout le jour entre une partie de notre 21e corps et les batteries divisionnaires du général Wittich.

En face de notre centre, les Bavarois étaient occupés à concentrer leurs troupes.

Leur 2e *division* opérait sa retraite par échelons en arrière ; elle devait rentrer le soir même à Orléans, conformément aux ordres du prince Frédéric-Charles.

Leur 1re *division*, pour masquer ce mouvement, fit une attaque sur les villages de Cernay et d'Ourcelles, que nos avant-postes occupaient.

A droite, la division Desplanques opérait sa retraite sur Toupenay, pendant que la 1re division du 17e corps était engagée vers Villorceau, contre des troupes de la division Treskow.

Ce ne fut que vers trois heures, alors que le mouvement des Bavarois se trouvait terminé, et que le 10e corps (général Voigts-Reez) s'était rapproché de leur ligne, que les Allemands commencèrent la véritable attaque de la journée.

Leur plan était, comme on pouvait facilement le prévoir, de repousser notre aile droite, le plus en arrière qu'ils le pourraient, de la séparer du centre, et de rejeter ensuite notre centre sur notre aile gauche.

Tous leurs efforts se portèrent, en conséquence, sur la ligne Toupenay-Tavers, que la 17e division d'infanterie dut attaquer, tandis que le 10e corps tout entier lui servait de réserve.

Il convient de rappeler, dans l'intérêt de la précision historique, que le 10e corps Allemand n'avait, à cette époque, qu'une seule division disponible.

La 20e tout entière se trouvait encore en marche, après avoir été employée, pour garder les lignes de communication avec l'Allemagne.

Le combat se prolongea jusqu'à la nuit; la division Desplanques et les troupes de la colonne Camò, rivalisant de zèle et de courage, opposèrent une barrière infranchissable aux efforts de l'ennemi.

Pendant quelques instants, les Allemands avaient occupé le village de Tavers, ils en furent repoussés en subissant des pertes considérables, et nous restions, vers le soir, absolument maîtres de nos positions.

Notre centre avait eu à subir, pendant ce temps, une nouvelle attaque de la 1re division Bavaroise, qui occupa les fermes et les villages de Villejouan et de Villorceau, dont l'importance se trouvait singulièrement diminuée pour nous, depuis la rectification de notre ligne de bataille.

A gauche, le général Jaurès conservait toujours ses positions, sans être très-vivement attaqué, du reste ; car, d'après le plan des Allemands, leur droite devait servir de pivot à leur mouvement.

XXIII

Le général Chanzy, très-satisfait de la bonne tenue de ses troupes, résolut de tenter le lendemain un retour offensif, afin de reprendre, si c'était possible, la ligne Beaugency-Cravant-Binas.

La journée du 10 devait être pour les Allemands une journée de repos.

L'exécution des ordres de concentration expédiés d'Orléans, le 9 au soir, exigeait un temps moral, pendant lequel le prince Frédéric-Charles, ne voulant rien donner au hasard, résolut de suspendre momentanément ses opérations.

Notre attaque du 10 causa un vif mouvement de surprise et de désappointement à l'état-major Allemand.

Le grand-duc de Mecklembourg, malgré les progrès qu'il avait faits depuis trois jours, n'était donc *pas maître du tout de la situation.*

Le mouvement commença sur notre gauche et le général Jaurès, refoulant devant lui les troupes de la 22e division d'infanterie Prussienne, réoccupa Villermain et Mézières, tandis que les francs-tireurs, à l'extrême-gauche, s'avancèrent par Binas jusqu'à Ozouer-le-Marché. *(Voy.* pl. II.)

Au centre, le 17e corps ayant établi de fortes batteries en arrière de Villorceau, fit subir des pertes énormes à la division Bavaroise, pendant que le général Roquebrune, avec la 1re division, livrait un combat sanglant autour de Villejouan, à une partie des troupes de la 17e division d'infanterie Prussienne qui s'était étendue de ce côté pour remplacer les troupes de la 2e division Bavaroise, qu'on avait, dès la veille, renvoyée à Orléans.

Sur notre droite, le général Desplanques s'était avancé avec la 1re *division du* 16e *corps,* et les troupes du général Camò, de Tavers sur Beaugency.

On ne put s'emparer de cette ville où le 10e *corps* Allemand s'était fortement établi ; mais l'ennemi, malgré tous ses efforts, ne put réussir davantage à entamer notre ligne.

La journée du 10 décembre était donc, en somme, plutôt *favorable* à nos armes. Nous avions conservé nos lignes au centre et à droite, tandis que, sur notre gauche, nous avions obtenu des succès positifs et incontestés.

Le grand quartier-général était toujours à Josnes. Le commandant en chef, mieux à même que personne de juger de l'ensemble de la situation; comprenant, d'ailleurs, tout le danger que présentait, en cas de revers, la trop grande proximité des lignes Allemandes, avec des troupes aussi jeunes et inexpérimentées que celles qu'il commandait, résolut de profiter, pour opérer sa retraite, à la fois des bonnes dispositions dans lesquelles il voyait le moral de ses soldats à la suite des deux journées du 9 et du 10, et du trouble incontestable que sa résistance prolongée avait jeté dans les rangs de l'ennemi.

Une circonstance, dont il convient de dire quelques mots, le fortifia dans ses résolutions.

Nous avons vu qu'à la suite de la journée du 4 décembre, les 2e et 3e divisions du 16e corps s'étaient retirées en désordre sur Mer. Depuis ce temps, le général Chanzy les avait dirigés sur Blois, dont il avait confié la défense au général Barry, en lui intimant l'ordre de tenir jusqu'à la dernière extrémité.

Une partie de la 3e division, sous les ordres du général Maurandy, dut traverser la Loire pour garder les abords de Blois sur la rive gauche.

Cette colonne, soutenue par quelques compagnies de francs-tireurs, s'établit dans le parc et le château de Chambord, de façon à défendre les deux routes qui descendent d'Orléans, dans la direction de Blois.

Nous savons, d'un autre côté, qu'une division du 9ᵉ *corps* Allemand, *la 25ᵉ*, sous les ordres du prince Louis de Hesse, descendait, dès le 6 décembre, la route d'Orléans à Tours et qu'elle couchait, le 8, à Saint-Laurent-des-Eaux.

Nous avons vu que, dans la nuit du 8, on lui expédia l'ordre de presser son mouvement sur Blois, afin de repasser le fleuve sur ce point, et de prendre à revers la droite du général Chanzy.

Conformément à ces ordres, le prince de Hesse s'avança, dès le 9 au matin, contre le parc de Chambord, qu'il fallait avant tout emporter.

Par suite d'une négligence des francs-tireurs, auxquels on avait confié la défense de quelques-unes des portes, l'ennemi se trouva dans le parc avant que nos réserves aient pu se porter au-devant de lui. Un désordre inexprimable fut la conséquence de cette surprise.

Les troupes du général Maurandy, se croyant cernées, se retirèrent presque débandées sur le faubourg de Blois et de là jusque dans la ville, en faisant sauter derrière elles le pont de la Loire.

Les Allemands s'emparèrent, à la faveur de cette

panique, d'un certain nombre de canons, abandonnés dans le parc de Chambord. En même temps, leur avant-garde s'avança jusqu'à Vienne (faubourg de Blois sur la rive gauche de la Loire) qu'on occupa sans rencontrer de résistance.

Le lendemain 10, le *prince de Hesse* fit sommer les autorités *civiles et militaires* de Blois d'avoir, non-seulement à lui livrer la ville, mais encore à rétablir le pont qu'on avait fait sauter la veille.

M. Gambetta se trouvait précisément à Blois au moment où un parlementaire Allemand vint apporter cette insolente sommation.

Il fit répondre au *prince de Hesse* qu'il pouvait bombarder la ville ; qu'on était en mesure de lui répondre, mais qu'il ne devait pas espérer de voir ces conditions acceptées.

Le commandant Allemand fit, en effet, jeter quelques obus sur la ville ; mais, en même temps, il remit ses troupes en marche, afin d'aller chercher un pont plus en aval, dans la direction d'Amboise.

Néanmoins, le général Barry, en rendant compte au général en chef des événements de la journée, crut devoir insister sur les difficultés de sa position et sur le danger qu'il y avait, de voir l'aile droite de l'armée, prise à revers.

Ce rapport, qui parvint au général Chanzy dans la soirée du 10, ne laissa pas, sans doute, que d'influer sur ses décisions.

Il savait, d'un autre côté, que le général Bourbaki ne pouvait marcher à son secours, vu l'état de désorganisation presque complète du 15e corps.

Il résolut, en conséquence, d'opérer sa retraite dans la direction de Vendôme et de prendre position sur la rive droite du Loir, ayant ses lignes couvertes par cette rivière.

Il expédia des ordres, en conséquence, dès le même soir. L'ensemble du mouvement devait être : *un quart de conversion en arrière*, en pivotant sur l'aile gauche.

Le général Jaurès, avec le 21e corps, devait, en conséquence, attirer sur lui les efforts de l'ennemi, pendant que le centre et l'aile droite se replieraient d'abord sur la ligne Ouques-Maves et de là sur Vendôme.

Le 11 décembre, au point du jour, la division Collin (2e du 21e corps) s'avançait, de Mézières et de Villermain, dans la direction de Bacon. Une lutte assez vive s'engage aussitôt entre ces troupes, et celles de la division Wittich.

Le combat se prolongea jusqu'au soir, immobilisant ainsi toute la droite des Allemands, qui ne peuvent déloger nos troupes de Villermain.

Au centre, les 2e et 3e divisions du 17e corps se portent en arrière et vont occuper les villages de *Roches* et de *Concriers* ; la 1re division se dirige sur *Séris*, mais elle est attaquée par une brigade de la

17ᵉ division d'infanterie Prussienne, qui est venue prendre la place des Bavarois.

Le général Roquebrune repousse les colonnes ennemies et se maintient dans *Séris*.

A droite, le mouvement menaçait d'être plus dangereux; c'était, en effet, le point faible de notre ligne.

L'amiral Jauréguiberry dirigea lui-même la retraite, qui devait s'effectuer de *Toupenay* sur *Séris*, pour la division Desplanques (1ʳᵉ du 16ᵉ corps), et de *Tavers* sur *Avaray*, pour la colonne du général Camô.

Nous avions en face de nous la 17ᵉ *division d'infanterie* et tout le 10ᵉ *corps Prussien*.

Fort heureusement, la 1ʳᵉ *division Bavaroise*, qui avait énormément souffert la veille, devait partir le même jour pour aller se refaire à Orléans, où se trouvait déjà la 2ᵉ *division* du même corps.

La 17ᵉ *division* devait remplacer le *corps Bavarois*, et former ainsi le centre des lignes Allemandes, tandis que le 10ᵉ corps devait former leur gauche, en occupant les anciennes positions de la 17ᵉ division.

Tous ces mouvements étaient en voie d'exécution dans la matinée du 11, et les ennemis, n'ayant aucun soupçon des intentions du général Chanzy, laissèrent notre droite opérer son mouvement de retraite sans presque l'inquiéter.

La 2ᵉ division de cavalerie (général Stolberg) eut seule quelques engagements avec nos arrière-gardes, et reconnut, mais heureusement trop tard, le véritable but de nos mouvements.

Dans la soirée du 11 décembre, nos positions formaient, en conséquence, un angle, dont l'ouverture se trouvait en face de l'ennemi. La droite de cet angle était formée par notre centre et notre droite, sur la ligne Roches — Concriers — Séris — Avaray.

La gauche de l'angle était formée par le 21ᵉ corps et occupait la ligne Lorges — Poisly — Villermain.

Le quartier-général était à Talcy.

Les Allemands n'eurent connaissance que le lendemain, de l'ensemble de nos mouvements; ils étaient si peu préparés à l'idée de nous voir battre en retraite, que *le prince Frédéric-Charles* quittait lui-même Orléans, le 12, pour prendre la direction personnelle des opérations.

Le 3ᵉ *corps*, qui arrivait le même jour à Beaugency, dut former la réserve générale de l'armée Allemande.

Le 13ᵉ *corps*, sous les ordres du grand-duc de Mecklembourg, devait constituer la droite, tandis que le 10ᵉ *corps*, dont l'effectif venait d'être augmenté, par suite du retour d'un certain nombre de bataillons détachés, devait former la gauche des lignes Allemandes.

XXIV

Notre mouvement de retraite continua le 12, sans donner lieu à aucun engagement sérieux.

Sur notre gauche, le 21ᵉ *corps*, traversant la forêt de Marchenoir dans sa plus grande longueur, se porte dans la direction de Morée, et couche, le 12 au soir, entre Ecomon et Viévy-le-Raye, sur la route directe de Châteaudun à Blois.

La 4ᵉ *division* de cavalerie Allemande, se jetant à la poursuite de nos troupes dans la forêt de Marchenoir, un certain nombre d'engagements partiels eurent lieu, entre nos arrière-gardes et de forts détachements de cavaliers ennemis.

Nos francs-tireurs, qui gardaient les débouchés de la forêt, à l'extrême-gauche de nos lignes, firent beaucoup de mal à l'ennemi, qui n'osa pas s'engager à fond, de crainte que notre manœuvre ne masquât quelque surprise, derrière l'épais rideau de la forêt.

Notre centre, le 17ᵉ corps, se retira, pendant la

journée du 12, de la ligne Roches — Concriers — Séris sur la ligne Viévy-le-Raye — Oucques — Villeneuve, s'établissant ainsi à la droite du 21ᵉ corps, également sur la route Châteaudun à Blois.

La 17ᵉ *division d'infanterie Prussienne* ne crut à la réalité de notre retraite qu'à une heure assez avancée de la journée.

Le général Treskow nous suivit de loin et vint s'établir le soir à peu de distance de nos lignes, entres Maves et le petit village de la Madeleine.

Le grand-duc de Mecklembourg occupait de sa personne, le 12 au soir, le quartier-général de Talcy, que le général Chanzy n'avait quitté que le matin.

La droite des lignes Allemandes, formée par la 22ᵉ division, était le soir entre Marchenoir et Saint-Léonard.

A notre droite, le général Desplanques, avec la 1ʳᵉ division du 16ᵉ corps, se retirait de Séris dans la direction de Pontijoux, prolongeant ainsi la droite du 17ᵉ corps.

La colonne Camô, se retirant d'Avaray, passe par Mer et se dirige également sur Pontijoux.

Elle est attaquée, pendant sa marche et en avant du village de Maves, par un fort détachement de cavalerie ennemie.

C'est toujours la 2ᵉ *division* (Stolberg) formant l'avant-garde du 10ᵉ corps Allemand.

Le général Camô arrête sa troupe, repousse les cavaliers ennemis, et continue ensuite sa retraite.

Le 10e *corps* Allemand occupe pendant ce temps le village de Mer, et pousse ses avant-postes jusqu'en avant de Suèvres, dans la direction de Blois.

Ce mouvement de l'extrême-gauche des lignes Allemandes eut malheureusement une conséquence fâcheuse pour nous.

Le général Barry, qui commandait à Blois, apprenant que nos troupes avaient évacué Mer et se trouvaient en pleine retraite vers le Nord-Ouest, craignit de se voir coupé du gros de l'armée.

Il réunit, en conséquence, le conseil de défense, et lui exposa les dangers de la situation, l'ennemi menaçant d'attaquer la ville, à la fois par les deux rives.

Il fut décidé à l'unanimité qu'une résistance efficace n'était pas possible, dans les conditions dans lesquelles la ville se trouvait.

Le général Barry quitta Blois dans la journée du 12, emmenant avec lui sa division, celle du général Maurandy et les détachements de la division Peytavin, qui se trouvaient mêlés, depuis le 4 décembre, aux deux divisions du 16e corps.

Cette colonne se dirigea, à travers la forêt de Blois, sur Herbault et Saint-Amand, afin de se trouver à hauteur des positions présumées du reste de l'armée. Le général Barry n'osa prendre la route directe de Blois à Vendôme, dans l'ignorance où il était de l'ensemble de la situation sur sa droite.

La ville de Blois ne fut occupée que le lendemain matin, par les avant-postes du 10ᵉ *corps* Allemand ; le général Voigts-Reez lui-même y établit son quartier général.

Pendant toute cette journée du 13 décembre, il n'y a, du reste, aucun engagement à signaler.

Le prince Frédéric-Charles avait, comme je l'ai dit, pris en personne la direction des opérations.

Le 13 au soir, il était à Suèvres.

Le 10ᵉ *corps* Allemand, à Blois, poussait ses avant-postes sur les deux routes qui conduisent à Vendôme.

La 17ᵉ *division* d'infanterie, au centre, et la 22ᵉ, à droite, occupaient les villages d'Oucques, de Pontijoux et d'Ecoman, que nos troupes avaient évacués le matin.

Les 2ᵉ et 4ᵉ divisions de cavalerie, en serrant de près nos arrière-gardes, nous enlevèrent malheureusement un certain nombre de traînards, dont elles grossirent peut-être le chiffre, en le faisant connaître en Allemagne comme gage de leurs trophées.

Nos colonnes s'étaient concentrées pendant cette journée du 13 décembre tout à l'entour de Vendôme.

Notre aile gauche passa le Loir entre Morée, Fréteval et Pezou, et s'établit sur la rive droite, en avant de la forêt de Fréteval, donnant la main à droite, et vers Pezou, au 17e corps, qui a également passé le Loir et qui se prolonge jusqu'à Vendôme.

Nous n'avions plus sur notre droite que la division Desplanques et les troupes du général Camô, qui s'étaient retirées pendant la journée du 13 de Pontijoux sur Villeromain, et qui gardaient les deux routes de Vendôme à Blois et à Château-Renault, en s'appuyant d'un côté sur le Loir, et de l'autre sur la Houzée.

La colonne mixte du général Barry formait notre extrême-droite à Saint-Amand, mais, sans être reliée d'une façon effective aux troupes qui occupaient Vendôme.

La cavalerie du 16e corps était établie en avant de notre droite, entre le Loir et la Houzée.

La cavalerie du 17e corps poussait de nombreuses reconnaissances sur la rive gauche du Loir, pour surveiller les mouvements de l'ennemi, dans la direction de Marchenoir.

L'état-major Allemand se trouvait, le 13 au soir, dans l'incertitude la plus absolue, quant aux projets du général Chanzy.

Le mouvement sur Vendôme, qu'il avait exécuté en repliant sa droite sur son centre, déroutait toutes les combinaisons.

L'objectif des troupes Allemandes devait être de fermer la route de Paris aux forces rassemblées sur la Loire.

On se battait depuis près de quinze jours, et au bout de ce temps, le général Chanzy se trouvait, en réalité, plus rapproché de Paris qu'il ne l'était au commencement des opérations.

On pouvait craindre, et tel est, en effet, le sentiment qui paraît avoir inspiré les résolutions du *prince Frédéric-Charles*, on pouvait craindre, dis-je, que le général Chanzy ne masquât, au moyen de sa gauche, fortement établie sur le Loir, un mouvement général de son centre et de sa droite, dans la direction de Chartres et de là, sur Paris.

Il importait, en conséquence, à l'ennemi, de percer, par un vigoureux effort, la gauche de nos lignes, afin de pouvoir arrêter ou suivre la marche présumée du général Chanzy.

Tel fut, en effet, le but des opérations du 14 décembre.

Le 3ᵉ *corps Allemand*, qui se trouvait, dès le 12, à Beaugency, dut se porter sur Oucques pour former le centre des lignes Allemandes, et soutenir les opérations du 13ᵉ *corps* (Mecklembourg), qui devait attaquer notre gauche.

Le combat s'engagea dès la pointe du jour. Le grand-duc de Mecklembourg mit en batterie sur la rive gauche du Loir, entre Saint-Hilaire et Morée, les quatre-vingts pièces de canon dont il disposait.

Sous la protection de cette artillerie formidable, il lance ses colonnes, qui passent la rivière à la fois à Morée, et plus bas vers Fréteval.

La 1re *division* de notre 21e *corps* (général Rousseau) à gauche, oppose une résistance des plus énergiques aux efforts de l'ennemi, qui ne peut s'établir sur la rive droite en face de Morée.

Le général Rousseau détache en même temps l'une de ses brigades, qui remonte le Loir dans la direction de Saint-Hilaire, et passe sur la rive gauche, menaçant ainsi le flanc de la 22e division d'infanterie Prussienne, qui se replie tout entière sur Morée, emmenant avec elle les batteries établies de ce côté.

Plus en aval, nous étions moins heureux.

La 33e brigade de la 17e division d'infanterie s'était avancée vers le Loir, sous la protection de l'artillerie établie au-dessus de Morée.

Elle avait en face d'elle la 3e division du 21e corps (général Collin) qui occupait Fréteval.

Nos troupes, craignant d'être débordées, avaient évacué la partie du village qui se trouve sur la rive gauche du Loir, et s'étaient retirées sur la rive droite, se préparant à défendre ce passage du pont.

Les Prussiens occupent aussitôt Fréteval, et

malgré les efforts tentés dans le courant de la journée, et renouvelés dans la nuit par le général du Temple, nous ne pouvons leur enlever cette importante position.

La 34ᵉ brigade d'infanterie Prussienne opérait pendant ce temps une pointe sur la rive droite du Loir, qu'elle avait traversé au-dessus de Pezou : ses avant-postes, profitant de l'espace qui sépare le 21ᵉ corps du 17ᵉ, se glissent à travers le bois de Lisle, et s'avancent jusqu'à Espereuse.

Au centre et sur la droite de nos lignes, toute la journée du 14 décembre s'était passée dans le plus grand calme.

L'amiral Jauréguiberry, qui commandait notre droite, fit établir quelques travaux de défense en avant de ses lignes, tandis que le général Chanzy faisait construire, par les troupes du 17ᵉ corps, sur la rive gauche du Loir, derrière Rozé, à la ferme de Bel-Essor, des épaulements à embrasures pour l'artillerie.

Le 10ᵉ *corps* Allemand s'était avancé, pendant ce temps, de Blois dans la direction de Vendôme ; ses avant-postes étaient le soir à peu de distance de Villeromain, qui était occupé par des troupes de la division Desplanques.

Le 3ᵉ *corps* Allemand arrivait dans l'après-midi à Oucques, prêt à se porter, soit à la droite, soit à la gauche des lignes Allemandes, suivant que son appui serait nécessaire.

La 2ᵉ *division* de cavalerie reliait le 10ᵉ corps au 3ᵉ, et bivouaquait le 14 au soir à Epiais, sur la route d'Oucques à Vendôme.

Le 15 décembre au matin, la bataille s'engage sur toute l'étendue de notre front.

L'objectif des Allemands est évidemment la possession de Vendôme.

Sur la gauche de notre ligne, le général Collin prend l'offensive dès la pointe du jour, et le général du Temple, par un vigoureux effort, enlève le village de Fréteval que nous n'avions pu réoccuper la veille.

A l'extrême-gauche, le général Rousseau défend et maintient ses positions contre les attaques de la 22ᵉ division d'infanterie Prussienne.

La 34ᵉ brigade de la 17ᵉ division, que nous avons vu s'avancer jusqu'auprès d'Espereuse, ayant sa retraite menacée, se hâte de repasser le Loir à Pezou, et se dirige vers Rozé pour attaquer sur leur gauche nos batteries de Bel-Essor, qui neutralisaient les efforts du centre Allemand.

Le 3ᵉ *corps* Allemand était entré en ligne, depuis la veille au soir.

La 2ᵉ *division* de cavalerie lui servait d'avant-garde et s'avança dès le matin d'Epiais sur Villetrun. Elle dut s'arrêter en avant de ce village, car nos batteries de Bel-Essor balayaient la route, et le village lui-même était occupé par de forts avant-postes.

La 6ᵉ *division* d'infanterie du 3ᵉ *corps* Allemand s'était avancée pendant ce temps, et la 11ᵉ brigade fut lancée sur Villetrun, qu'elle n'enleva qu'après une lutte des plus acharnées.

Le feu de nos batteries s'était ralenti, car elles avaient à contrebattre l'artillerie divisionnaire de la 17ᵉ division d'infanterie, que la 34ᵉ brigade avait amenée avec elle dans son mouvement de Pezou sur Rozé.

Les feux de Bel-Essor ayant complétement cessé un peu plus tard, la 6ᵉ division d'infanterie Prussienne s'avança jusqu'à Coulommiers, et poussa ses avant-postes jusques sur les bords du Loir, tout auprès de la ville, donnant la main sur sa gauche aux troupes du 10ᵉ *corps* Allemand, qui s'étaient également avancées.

Voyons cependant ce qui s'était passé du côté de Bel-Essor.

Nous avons vu que la 34ᵉ brigade s'était portée de Pezou sur Rozé, qu'elle enleva.

Les troupes du 17ᵉ corps, qui devaient protéger et défendre les batteries de Bel-Essor, voyant l'ennemi descendre sur leur gauche, durent croire qu'elles étaient débordées ; elles se retirèrent en toute hâte sur Meslay, emmenant avec elles les canons qui leur étaient confiés, et passèrent la rivière en brûlant le pont de Meslay derrière elles.

Pendant que ces faits se passaient au centre et à

la gauche de nos lignes, notre droite se trouvait également engagée.

Le 10ᵉ *corps* Allemand s'avançait, ainsi que nous l'avons vu, sur la route directe de Blois à Vendôme.

Une brigade seulement de la 19ᵉ division se trouvait plus à gauche sur la route de Montoire, chargée de surveiller la colonne du général Barry vers Saint-Amand.

L'autre brigade de la 19ᵉ division servait de réserve à la 20ᵉ division, qui attaquait, dès le matin, au-delà de Villeromain, vers Périgny, les troupes du général Desplanques.

L'amiral Jauréguiberry fit immédiatement soutenir la 1ʳᵉ division du 16ᵉ corps par la colonne du général Camô, qui occupait Sainte-Anne.

La lutte, quoique très-inégale, se prolongea pendant toute la journée. Les Prussiens ne purent avancer que pas à pas.

Néanmoins, vers le soir, ils dépassaient la route de Vendôme à Tours et enlevaient le petit village de Villérable.

L'amiral Jauréguiberry concentra ses troupes dans la direction de Naveil, parfaitement résolu à défendre jusqu'à la dernière extrémité le passage du Loir, au-dessous de Vendôme.

La colonne du général Barry occupait, nous le savons, la ligne Saint-Amand, Château-Renault, tout le long de la Brenne.

Nous venons de voir qu'elle n'avait devant elle qu'une brigade d'infanterie de la 19ᵉ *division* et quelques escadrons détachés de la 2ᵉ *division* de cavalerie Prussienne.

Le général Chanzy, se rendant admirablement compte de cette situation, avait envoyé au général Barry l'ordre *impératif* de maintenir ses positions.

Il expédia dans la soirée une brigade du 17ᵉ corps sous les ordres du colonel Pâris, de Vendôme sur Montoire, afin de renforcer la colonne Barry et d'assurer sa retraite, pour le cas où elle serait obligée de se replier sur le Loir.

L'ensemble de la journée du 15 n'apportait donc, en réalité, aucun changement sensible dans nos positions.

Notre gauche avait eu des succès incontestables et tenait en échec la 22ᵉ *division* d'infanterie Prussienne et une brigade (la 33ᵉ) de la 17ᵉ division.

Au centre, nous occupions fortement la rive droite du Loir, après avoir détruit tous les ponts qui auraient pu servir à l'ennemi.

Notre droite gardait toujours le faubourg de Vendôme, sur la rive gauche, ainsi que l'espace compris entre le Loir et la Houzée.

Le général Chanzy résolut, en conséquence, de continuer la bataille le lendemain, 16 décembre, et de défendre, à tout prix, ses positions autour de Vendôme.

Il expédia des ordres dans ce sens, aux généraux Jaurès et Jauréguiberry.

Malheureusement, nos troupes, fatiguées par quinze journées de combats incessants, n'étaient point dans d'assez bonnes conditions pour affronter immédiatement la lutte suprême.

L'amiral Jauréguiberry avait donné, pendant toute cette retraite, des preuves journalières de la plus grande énergie. Son opinion, en conséquence, ne pouvait manquer d'avoir la plus grande influence sur le général en chef.

Aussitôt qu'il reçut l'ordre de prendre ses dispositions pour continuer le combat, le lendemain matin, il courut, lui-même, chez le général Chanzy et lui exposa bien franchement la situation des troupes et le danger qu'il y aurait à leur demander plus qu'elles n'étaient en mesure de donner.

Le commandant en chef, se rendant aux avis de l'amiral, décide aussitôt la retraite sur la Sarthe.

Les 16ᵉ et 17ᵉ corps devaient commencer leur mouvement pendant la nuit.

Le 21ᵉ devait masquer la retraite en reprenant l'offensive au point du jour, pour se retirer ensuite dans la direction de Mondoubleau.

Conformément à ces instructions, l'amiral Jauréguiberry mit ses troupes en mouvement et leur fit traverser le Loir dans Vendôme même, qu'il n'évacua qu'après s'être assuré que tous ses convois étaient engagés sur les routes de Saint-Calais et de Mondoubleau.

La 1re division du 16e corps et la colonne du général Camô se portèrent par Marigny sur Maranges.

Le 17e corps, passant à travers la forêt de Vendôme, se retira sur Danzé, Azay, Epinay.

Tous ces mouvements étaient en voie d'exécution au moment où le brouillard se dissipait, assez tard dans la matinée.

Le général Jaurès, conformément aux premiers ordres du général Chanzy, fit attaquer par sa 1re division le village de Morée, qui était occupé par les troupes de la 22e division d'infanterie Allemande.

Le général Rousseau se rend maître d'une partie du village et nos troupes, remplies d'ardeur, repoussent l'ennemi de maison en maison, lorsque le général Jaurès reçoit l'avis du mouvement général de retraite.

Il fait aussitôt filer à travers la forêt de Fréteval les troupes des 2e et 3e divisions.

La 1re ne se replie que vers le soir, sans que l'ennemi ose la poursuivre ; elle repasse sur la rive droite du Loir, et va rejoindre, dans le courant de la nuit, les deux autres divisions du 21e corps, aux environs de la Chapelle-Vicomtesse, sur la route de Mondoubleau.

La division Goujeard, qui formait l'extrême-gauche de nos lignes et qui se trouvait également sous les ordres du général Jaurès, s'était repliée sur Droué.

Que se passait-il pendant ce temps au centre et à la gauche des lignes Allemandes.

Nous avons vu que la 20ᵉ division du 10ᵉ corps se trouvait le 15 au soir entre Villérable et Sainte-Anne, ayant ses avant-postes presque aux portes du faubourg de Vendôme.

Aussitôt que les Allemands se rendirent compte de notre mouvement, ils pénétrèrent dans la ville que nous venions d'évacuer.

La 20ᵉ division ne fit que traverser Vendôme; elle put faire rétablir en toute hâte les ponts qui n'étaient qu'imparfaitement détruits. Elle se mit aussitôt à la poursuite de la colonne Jauréguiberry en se faisant précéder par une brigade de la 2ᵉ division de cavalerie.

Elle réussit malheureusement à jeter un peu de désordre dans les rangs de notre droite et nous enleva un certain nombre de prisonniers, et une batterie de 12 tout entière.

Le 3ᵉ *corps* Allemand resta sur la rive gauche du Loir, dans les positions qu'il occupait le 15 au soir; nous verrons tout à l'heure quelle était la raison de cette inaction apparente.

La brigade de réserve de la 19ᵉ division occupa

Vendôme, tandis que l'autre brigade (38ᵉ), avec une brigade de cavalerie, continuait son mouvement sur Saint-Amand.

Le général Barry, prévenu à temps, opéra sa retraite sur Montoire, où il passa sur la rive gauche du Loir.

Nous occupions donc, le 16 au soir, la ligne Montoire — Epuisay — Droué.

La droite des Allemands se trouvait encore sur la rive gauche du Loir, en arrière des bois de Fréteval.

Une partie de leur gauche seulement était sur la rive droite, à la poursuite de nos colonnes.

Le quartier général du *prince Frédéric-Charles* était à Blois depuis le 14 décembre.

Dès ce jour-là et le lendemain, des dépêches d'Orléans lui signalaient des mouvements de troupes dans la direction de Gien. Une brigade du corps Bavarois, qui était rentrée à Orléans depuis le 11, avait dû être expédiée sur Gien, et avait eu un engagement assez sérieux, tout auprès de Briare, dans la journée du 15.

Le *prince Frédéric-Charles* dut craindre que le général Bourbaki, profitant de son absence, ne s'avançât en forces considérables sur Orléans, et ne réoccupât cette ville, plaçant ainsi l'armée Allemande entre deux feux et lui coupant en même temps ses lignes de communication.

Le généralissime Allemand prit aussitôt des mesures pour conjurer ce danger.

La 18ᵉ division du 9ᵉ corps avait déjà reçu l'ordre, antérieurement à l'occupation de Blois, de remonter le cours de la Loire et de passer ce fleuve à Beaugency, pour servir de réserve à l'armée.

On lui prescrivit de rentrer aussitôt à Orléans, pour fortifier le corps Bavarois, dont l'effectif se trouvait très-réduit par suite des derniers combats.

Le 3ᵉ *corps* Allemand, que nous avons vu combattre le 15, en avant de Vendôme, reçut l'ordre de rester dans ses positions pendant la journée du 16, afin de pouvoir prêter son appui, en cas de besoin, soit au grand-duc de Mecklembourg à droite, soit au général Voigts-Reez sur la gauche.

Il devait se mettre en mouvement le 17, et rétrograder sur Beaugency, afin de former, avec le corps Bavarois et la 18ᵉ division d'infanterie, une force assez respectable pour défier les attaques présumés du général Bourbaki.

Le *prince Frédéric-Charles* rentra de sa personne à Orléans dans la journée du 19, afin de diriger lui-même la lutte, qu'il s'attendait de jour en jour à voir commencer.

Dans l'esprit du commandant en chef des troupes Allemandes, l'armée du général Chanzy n'était plus à craindre pour le moment; il abandonna la poursuite aux 10° et 13° corps, qui disposaient, en outre, chacun, d'une division de cavalerie.

De plus, la 5ᵉ *division* de cavalerie fut portée à l'extrême-droite des lignes Allemandes pour surveiller, au-delà de Brou, la direction de Nogent et de Chartres.

XXV

Tel était l'ensemble de la situation le 16 décembre au soir, et dès le 17 au matin, tous les mouvements prescrits étaient en voie d'exécution.

Le général Wittich, avec la 22ᵉ division d'infanterie, passait le Loir le 17 au matin vers Saint-Hilaire, s'avançant dans la direction de Droué.

La division Goujeard, qui n'était arrivée sur ce point que fort tard dans la nuit, fut surprise et les Allemands s'emparèrent du village; mais le général Goujeard, se mettant lui-même à la tête des mobilisés Bretons, le reprit et culbuta l'avant-garde du général Wittich.

Il se remit en route ensuite et occupa le même soir Saint-Agil, formant toujours la réserve du 21ᵉ corps.

Pendant ce temps, le général Jaurès, avec ses trois premières divisions, poursuivait son mouvement et occupait le soir la ligne Vibrayes — Berfay, au-delà de la Braye.

Le 17ᵉ corps passait également la Braye en s'avançant sur la route de Vendôme au Mans jusqu'à hauteur de Saint-Calais. Son arrière-garde seulement eut à soutenir un engagement, vers Epuisay, contre des troupes de la 20ᵉ division d'infanterie, qui lui enlèverent un certain nombre de prisonniers et quelques voitures, contenant des archives dont les Allemands firent grand bruit, prétendant avoir enlevé tous les bagages et les papiers du grand quartier-général.

La colonne de l'amiral Jauréguiberry, composée, comme on sait, de la 1ʳᵉ division du 16ᵉ corps, de l'artillerie du même corps et des troupes du général Camô, s'avança de Forton, sur Saint-Gervais-en-Vie, passant la Braye à Savigny, sans être inquiétée par l'ennemi. (*Voy.* pl. ii et iii.)

La colonne du général Barry, composée des 2ᵉ et 3ᵉ divisions du 16ᵉ corps et de la brigade Pâris du 17ᵉ corps, passa la Braye à Bessé-sur-Braye, s'étendant, par sa droite, jusqu'à Lavenay, pour garder la route de Vancé.

Notre ligne de bataille s'étendait, en conséquence, le 17 au soir, de Vibrayes, par Saint-Calais, jusqu'à Lavenay.

Nous n'avions plus en face de nous, ainsi que je l'ai déjà dit, que les 10e et 13e *corps* Allemands, soutenus par trois divisions de cavalerie.

Voici quelles étaient, le 17 au soir, les positions de nos adversaires :

La 22e *division*, sur la droite, à Droué.

La 17e *division* d'infanterie, entre la Chapelle-Vicomtesse et Romilly.

La 20e *division* du 10e *corps*, à Epuisay.

La 38e *brigade* de la 19e division, à Montoire.

La 37e *brigade*, en réserve à Vendôme.

La 1re *division de cavalerie*, à l'extrême-gauche, entre Montoire et Château-Renault.

La 4e *division de cavalerie*, sur la route de Châteaudun à Vibrayes, vers la Fontenelle.

La 5e *division de cavalerie* (Rheinbaben), à l'extrême-droite, opérant un mouvement tournant sur Nogent et la Ferté-Bernard pour s'assurer le passage de l'Huisne.

On peut voir, en suivant sur une carte, les différentes positions que je viens d'indiquer : que le plan des états-majors Allemands consiste dans la répétition exacte du mouvement qu'ils ont opéré sur Orléans.

Une marche concentrique de toutes les colonnes, contre le même objectif, qui devait être cette fois la ville du Mans.

Le général Chanzy, saisissant merveilleusement

l'ensemble de la situation, résolut de presser son mouvement, afin d'avoir le temps de s'établir solidement sur la ligne de la Sarthe, de façon à neutraliser tous les efforts de l'ennemi dans cette direction.

XXVI

Le 18 au matin, toutes nos colonnes se remirent en route, en prenant pour point de direction les vallées de l'Huisne et de la Sarthe.

Aucun engagement, du reste, à signaler ni ce jour-là, ni le lendemain 19.

Les Allemands semblaient avoir renoncé à nous poursuivre.

Le 13ᵉ *corps*, sous les ordres du grand-duc de Mecklembourg, se dirigeait vers le Nord-Ouest, dans l'intention bien évidente de nous prévenir sur la route de Nogent et de Chartres.

Le 10ᵉ *corps*, de son côté, s'étendait par sa gauche jusqu'à la Loire.

La 20ᵉ *division* poursuivit seule la direction du Mans, tandis que la 19ᵉ division occupait, le 19 au soir, la ligne Château-Renault — Ambroise, se reliant sur l'autre rive de la Loire avec la 25ᵉ division du 9ᵉ corps, qui, sous les ordres du prince de

Hesse, occupait tout le pays entre la Loire et l'Indre.

La marche de ces deux divisions semblait évidemment menacer Tours.

On avait expédié en toute hâte de Rennes, d'Angers et de Poitiers les quelques troupes qu'on avait sous la main; on les rassembla sous la direction des généraux Curten et Ferri-Pisani pour les diriger, dès le 19, sur la route de Château-Renault, avec mission d'arrêter les colonnes ennemies dont on ne soupçonnait point la force.

Le lendemain 20, un engagement des plus violents eut lieu tout auprès de Monnaie, à mi-chemin entre Château-Renault et Tours.

C'étaient les 38° et 40° bigades du 10° corps qui s'avançaient de ce côté, soutenues par une brigade de la 2° division de cavalerie.

Nos troupes, après avoir lutté pendant plus de quatre heures, durent reculer, livrant à l'ennemi la route directe de Tours. (*Voy.* pl. v.)

Le général de Curten, qui avait pris le commandement supérieur de la colonne, alla s'établir entre Notre-Dame-d'Oé et Mettray, derrière le remblai du chemin de fer de Vendôme, afin de pouvoir inquiéter, le lendemain, la marche de l'ennemi, en l'attaquant sur son flanc droit.

Cependant, le 21 au matin, sur les ordres du commandant en chef, le général Curten mit sa colonne en retraite et se porta le même jour jusqu'à Château-la-Vallière, où il devait attendre de nouvelles instructions.

La 38ᵉ *brigade* d'infanterie Prussienne (du 9ᵉ corps) s'avançait, le même jour, avec deux batteries d'artillerie jusqu'à Saint-Symphorien, en face de Tours.

Une petite colonne composée de deux bataillons, envoyés de Blois, par la route directe de Blois à Tours, arrivait à la même heure à Sainte-Radegonde.

On lança quelques obus sur la ville de Tours, qui hissa le drapeau blanc.

Néanmoins, le commandant des troupes Allemandes ne passa pas la Loire; il fit détruire seulement la ligne du chemin de fer de Tours au Mans et prit des cantonnements sur la rive droite.

J'ai cru devoir exposer, en devançant un peu les événements, l'ensemble de cette opération sur Tours, qu'on a si souvent discutée.

On se demande, en effet, pourquoi la 38ᵉ brigade n'a pas occupé immédiatement la ville de Tours.

Je pense que la raison de cette modération apparente réside tout simplement dans ce fait, que la 25ᵉ division du 9ᵉ corps, opérant sur la rive gauche de la Loire, devait occuper la ville. Le 10ᵉ corps *tout entier* devait rester sur la rive droite de la Loire, et le général de Wedell, qui commandait la 38ᵉ brigade, n'osa prendre sur lui d'étendre ses opérations au-delà des limites qui lui étaient assignées.

Il pouvait craindre, du reste, de se voir attaqué sur la rive gauche par des colonnes dont il ignorait la force et la composition. Cette appréhension venait encore d'être justifiée par le rapport des deux bataillons venus directement de Blois et qui, pendant tout le temps de la route, avaient eu à supporter une assez vive fusillade, entretenue par des francs-tireurs, depuis la rive gauche du fleuve.

Quoiqu'il en soit, la ville de Tours n'eut pas à subir, dès cette époque, l'occupation ennemie ; ce ne fut que vers la mi-janvier que les Allemands prirent possession de la ville.

XXVII

Revenons cependant à l'armée du général Chanzy.

Nous avons vu que la retraite des différentes colonnes continua, pendant les journées du 18 et du 19, sans être inquiétée par l'ennemi.

Le quartier-général était au Mans, dans la journée du 19, et l'on prit aussitôt toutes les dispositions pour assurer la défense de cette ville.

Il importe de se rendre compte d'une façon bien exacte de la situation géographique du Mans.

La ville est bâtie sur les deux rives de la Sarthe, qui la traverse dans la direction du Nord-Est au Sud-Ouest.

Elle se trouve contournée, au Sud, par l'Huisne, dont l'embouchure se trouve à quelques kilomètres au-dessous du Mans et qui forme, en conséquence, de ce côté, une ligne de fortifications naturelles très-facile à défendre.

Au-dessus de la ville, l'Huisne contourne un plateau qui domine toute la contrée, et forme, en quelque sorte, la citadelle du Mans : *c'est le plateau d'Auvours*. (*Voy.* pl. III.)

Le plan de défense du *général Chanzy* était combiné de façon à profiter de tous ces avantages.

Voici quelles furent les positions assignées aux différents corps sous ses ordres :

Le 21ᵉ corps, à gauche, sur les deux rives de l'Huisne, gardant le plateau d'Auvours, qu'on mit immédiatement en état de défense, et s'étendant jusqu'à hauteur de Montfort.

Les troupes formant, pendant la retraite, la colonne de *l'amiral Jauréguiberry*, savoir : la 1ʳᵉ *division du* 16ᵉ *corps*, les troupes du général Camò, et la réserve d'artillerie du 16ᵉ corps : dans l'espace compris entre la Sarthe et l'Huisne, *sur leurs rives gauches*, gardant les trois routes qui se bifurquent à partir du faubourg de Pontlieüe et se dirigent vers le *Lude*, *Château-du-Loir* et la *Chartre-sur-le-Loir*. (*Voy.* pl. III et V.)

La colonne du général Barry constitue, en quelque sorte, les avant-postes de l'amiral Jauréguiberry, en avant de la forêt de Bersay, entre Château-du-Loir et la Chartre-sur-le-Loir.

Le 17e corps forme la réserve générale de l'armée sur la rive *droite* de l'Huisne.

La cavalerie du 16e corps, sur la rive droite de la Sarthe.

Notre extrême-droite était couverte, sur la rive gauche du *Loir*, par la colonne du général Curten, qui reçut, dès le 20 décembre, ainsi que nous l'avons vu plus haut, l'ordre de se porter sur Château-la-Vallière.

Le général Chanzy, en même temps qu'il prenait toutes ses dispositions pour résister aux attaques directes de l'ennemi contre ses lignes, résolut de former des colonnes mobiles, destinées à pousser de fortes reconnaissances dans toutes les directions, afin d'empêcher l'ennemi, dont on ignorait les projets, de tourner nos positions : soit par la vallée de la Loire, soit par le Nord, en remontant vers Nogent-le-Rotrou.

Le *colonel Jouffroy*, qui commandait, depuis la

mort du général de Flandres, la 3ᵉ *division* du 17ᵉ corps, reçut le commandement d'une de ces colonnes, formée de troupes tirées des deux divisions du 16ᵉ corps, que le général Barry avait sous ses ordres.

Cette colonne devait opérer dans la direction de Vendôme.

Le général Curten qui se trouvait, ainsi que nous venons de le dire, à Château-la-Vallière, reçut pour mission d'inquiéter la gauche des Allemands et d'éclairer tout le pays compris entre *le Loir* et *la Loire*.

Une troisième colonne, dirigée par le *général Rousseau*, et composée d'une partie des troupes de la division qu'il commandait (1ʳᵉ du 21ᵉ corps) dut remonter le cours de l'Huisne, dans la direction de la Ferté-Bernard et de Nogent.

Les francs-tireurs du colonel Lipowski lui servaient d'avant-garde, et couvraient en même temps notre extrême-gauche, tandis que le corps des volontaires du général Cathelineau occupait la forêt de Vibraye.

XXVIII

La période qui s'étend depuis le 21 décembre jusqu'au 6 janvier, ne fut marquée que par des engagements plus ou moins sérieux, quoique presque journaliers, entre ces différentes colonnes et des reconnaissances ou des avant-postes ennemis.

Le prince Frédéric-Charles, dans le but de donner à ses troupes un repos dont elles avaient grand besoin, prescrivit aux généraux qui commandaient sous ses ordres de s'arrêter sur les positions qu'ils occupaient.

C'était précisément l'époque de la Noël, et les Allemands saluèrent avec reconnaissance cette décision qui leur permettait de célébrer cette fête d'une façon plus tranquille.

Les positions du 10° *corps* Allemand s'étendaient, à ce moment, depuis Vendôme jusqu'à Tours, le long du chemin de fer qui réunit ces deux villes.

Le 13° *corps*, sur la droite, occupait la ligne

Vendôme—Droué—Nogent-le-Rotrou, ayant toujours la 22ᵉ *division* pour droite, et la 17ᵉ *division* pour gauche,

Les 4ᵉ et 5ᵉ *divisions* de cavalerie se trouvaient en avant des lignes du 13ᵉ corps, dont elles masquaient les mouvements.

La 2ᵉ *division* de cavalerie était avec le 10ᵉ corps, dont le quartier-général était à Blois.

De forts détachements de cavalerie s'avançaient presque chaque jour sur la rive droite du Loir, dans le but apparent de surveiller nos mouvements; mais, en réalité, pour réquisitionner tout le pays.

C'est ainsi que le 25 décembre, le jour même de Noël, un bataillon de la 20ᵉ division, soutenu par deux escadrons de la 1ʳᵉ division de cavalerie, s'avança jusqu'à Saint-Calais, qu'il occupa.

Une très-forte réquisition fut imposée à cette petite ville et pendant que les notables s'occupaient de réunir l'argent et les livraisons réclamés par les vainqueurs, ceux-ci se livrèrent à des actes de pillage que le général Chanzy flétrit publiquement dans une lettre adressée au commandant des forces Allemandes à Vendôme.

Le même jour, une autre reconnaissance s'étant avancée au-delà de Montoire, jusque vers Sougé, également pour réquisitionner, avait été accueillie à coups de fusil dans les villages de Troo et de Sougé.

Les Allemands se retirèrent aussitôt, mais en jurant de revenir, pour brûler ces villages.

En effet, le 27 décembre, une colonne composée de quelques compagnies du 79ᵉ régiment d'infanterie (de la 39ᵉ brigade, 10ᵉ *corps*), de deux escadrons de uhlans et de deux pièces d'artillerie, se porta de Montoire dans la direction de Sougé, après avoir laissé deux compagnies aux Roches et à Montoire pour couvrir sa retraite.

Nous avons vu que la colonne mobile du général Jouffroy opérait dans la direction de Vendôme; il fut averti, dès le 27 au matin, de l'expédition tentée par les Allemands, en avant de ses lignes.

Il résolut aussitôt de les attaquer sur leur flanc droit, pendant qu'un détachement irait leur couper la retraite.

Il rencontra la colonne Allemande aux environs de Saint-Quentin et la rejeta sur Montoire.

Le colonel Boltenstern, qui commandait le détachement Allemand, apprit en arrivant, que la compagnie qu'il avait laissée aux Roches avait été enlevée, et que le pont du Loir était occupé sur ce point.

Il dut se retirer sur Château-Renault, poursuivi par nos têtes de colonne qui avaient passé le Loir à sa suite, et qui s'avancèrent jusqu'à Saint-Arnould, sur la route de Château-Renault.

Ce succès, dont il s'exagerait peut-être l'importance, enhardit le général Jouffroy.

Il résolut de profiter de l'ardeur de ses troupes pour tenter un coup de main sur Vendôme.

Il rendit compte de ses intentions au général en chef, en lui demandant de le faire soutenir à droite par la colonne du général de Curten, et de mettre à sa disposition une brigade de cavalerie.

Le général Chanzy donna des ordres en conséquence et prescrivit en même temps au général Rousseau de se porter sur Vitraye pour s'avancer ensuite, conjointement avec les volontaires du général Cathelineau, dans la direction de Châteaudun, afin de soutenir sur la gauche le mouvement du général Jouffroy.

Les journées du 29 et du 30 décembre furent employées à l'exécution des dispositions prescrites.

Le 31 décembre, au matin, la colonne Jouffroy s'avança directement à travers la forêt sur la partie du Loir qui se trouve au-dessus de Vendôme.

Les différents régiments marchaient en colonnes, par bataillons, à hauteur les uns des autres et de façon à arriver en même temps sur la route de Vendôme — Lisle — Châteaudun.

Le général Jouffroy dirigeait lui-même le mouvement, qui s'annonçait sous les meilleurs auspices.

Vers midi, nos troupes occupaient le château de Bel-Air; un peu plus tard, les Tuileries et les premières maisons de la ville. Elles durent s'arrêter à ce moment pour attendre que notre artillerie, qu'on se hâta d'installer à Bel-Air, derrière les épaulements que nous avions nous-mêmes construits précédemment, contrebattît le feu des batteries Allemandes établies au château.

La journée semblait donc décidée en notre faveur, lorsque le général Jouffroy apprit que, sur sa gauche, le détachement qui devait s'avancer, d'Epuisay par Danzé, sur Busloup avait éprouvé un échec.

Le colonel Thierry, qui commandait cette colonne, avait rencontré, à Danzé, la 39e brigade du 10e corps Allemand.

Il avait dû se replier précipitamment dans la direction de la forêt de Vendôme, abandonnant trois de ses pièces aux mains de l'ennemi.

Ses troupes arrivaient vers le soir en assez grand désordre à Bel-Air.

Le général Jouffroy jugea fort sagement que les colonnes Allemandes, qui avaient rejeté le détachement Thierry, ne manqueraient pas de faire tous leurs efforts pour déborder sa gauche le lenmain matin.

Il résolut, en conséquence, de se replier dès le même soir, à la faveur de l'obscurité.

Il reprit les positions qu'il occupait la veille et qui s'étendaient depuis Forton jusqu'au delà d'Epuisay, par Azay et Espéreuse.

Le général de Curten, conformément aux instructions du général en chef, s'était avancé, dès le 30, de Château-la-Vallière, dont il occupait les environs, sur Château-Renault.

Il resta sur ses positions pendant toute la journée du 31.

Il pouvait, en effet, suivant les circonstances, se porter de là, soit directement sur Vendôme, si le général Jouffroy lui demandait son appui ; soit sur la route de Vendôme à Blois, pour couper la retraite à l'ennemi en cas de succès.

A l'extrême-gauche, le général Rousseau s'était avancé sur la route de Châteaudun jusqu'à Courtalin, en refoulant devant lui les postes avancés de la 40e *brigade* du 10e corps.

Ayant été averti à temps de la retraite du général Jouffroy, il se porta le lendemain sur Authon, et de là dans la direction de Nogent-le-Rotrou, qu'il occupa, en effet, le 3 janvier, portant même ses avant-postes jusqu'à la Fourche, dans la direction de Chartres.

Qu'étaient donc devenues les 17e et 22e divisions du 13e corps, qui devaient garder la droite des lignes Allemandes et nous couper les routes de Versailles et de Paris par la vallée de l'Eure?

Le grand-duc de Mecklembourg croyait l'armée du général Chanzy complétement hors d'état de tenter la reprise des opérations avant un temps, qu'il estimait devoir être assez long.

Il sollicita, en conséquence, l'autorisation de ramener pour quelques jours ses deux divisions en arrière, afin de les rapprocher des grands magasins de Rambouillet et de Versailles, d'où ces troupes tiraient toutes leurs fournitures.

Lui-même profita de ces quelques jours pour aller faire sa cour au futur empereur d'Allemagne.

Il avait masqué son mouvement au moyen des deux divisions de cavalerie qui étaient sous ses ordres.

On s'explique maintenant la facilité relative avec laquelle le général Rousseau avait pu occuper le point si important de Nogent, et plus loin encore la Fourche, point de bifurcation des routes de Normandie et de Paris.

Ce fut un grand malheur, sans doute, que le général Chanzy n'aie pas eu connaissance plus tôt, de cette... *imprudence* du grand-duc de Mecklembourg.

Peut-être qu'à cette époque, un vigoureux effort, dans la direction de Chartres, lui eût ouvert cette route de Paris, qui formait l'*objectif* constamment présent à son esprit.

L'on sait, du reste, que l'intention du général Chanzy, lors de son arrivée au Mans, le 19 décembre, était de ne passer dans cette ville que les quelques jours indispensables pour réorganiser ses corps; il voulait ensuite se porter, le plus promptement possible, dans la direction de Paris.

Sans connaître l'éloignement du 13ᵉ corps, il semble qu'il ait deviné la faiblesse des lignes Allemandes, sur sa gauche.

Le ministère de la guerre voulait, malheureusement, que le mouvement de l'armée de la Loire coïncidât avec celui de l'armée de l'Est.

On imaginait que, de cette façon, l'ennemi serait obligé de diviser ses forces.

Nous avons pu reconnaître, depuis, combien cette espérance était trompeuse.

XXIX

Voyons cependant quelles étaient, au 31 décembre, les positions des différents corps placés sous les ordres du prince Frédéric-Charles.

Nous venons de dire que le 13ᵉ *corps* se trouvait aux environs de Chartres, et que la ligne Châteaudun — Nogent n'était gardée que par les 4ᵉ et 5ᵉ *divisions de cavalerie*.

Le 10ᵉ *corps* gardait la ligne Châteaudun — Vendôme jusqu'à Tours, sur la rive droite de la Loire.

Nous savons que, sur la gauche de cette ligne, le général de Curten, en occupant Château-Renault, avait obligé la 19ᵉ division Prussienne à se porter en arrière, jusque sur la route de Montoire à Blois.

Le quartier-général du 10ᵉ *corps* était toujours à Blois, et la 1ʳᵉ division de cavalerie (général Hartman) était à la disposition du général Voigts-Reez, et faisait de fréquentes excursions sur la rive droite du Loir.

Une partie du 9ᵉ *corps* (25ᵉ division) était sur la rive gauche de la Loire, entre Amboise, Montrichard et Loches.

Toute la 18ᵉ division était à Orléans, tandis que le reste de la 25ᵉ division se trouvait au-delà de Briare, formant, en quelque sorte, les avant-postes du 3ᵉ corps.

Le 3ᵉ *corps* était établi entre Gien, Briare et Montargis.

La 2ᵉ *division* de cavalerie (comte Stolberg), était sur la rive gauche de la Loire, occupant la Sologne et s'étendant sur la route de Bourges, jusqu'au-delà de Vierzon.

Le corps Bavarois était retourné, dès le 20, à Etampes pour aller reprendre sa place dans les rangs de la 3ᵉ armée dont il avait été distrait le 7 octobre, au moment des premières opérations contre Orléans.

Nous avons vu que le *prince Frédéric-Charles* était revenu de sa personne à Orléans, dès le 19 décembre, rappelé en toute hâte par les mouvements de l'armée du général Bourbaki qu'on lui signalait vers Gien.

Le prince s'attendait à être attaqué d'un moment à l'autre, et c'est à cause de cela qu'il avait renoncé à la poursuite de ses opérations contre le général Chanzy, afin de pouvoir reporter sur Orléans les 3e et 9e *corps*.

Les derniers jours du mois de décembre se passaient cependant et l'armée de Bourbaki ne paraissait pas.

Sauf quelques engagements d'avant-postes, le 3e corps et la brigade du 9e corps qui se trouvaient au-delà de Briare jouissaient du calme le plus profond.

On ne tarda pas à apprendre à Orléans que l'armée du général Bourbaki s'était portée sur Dijon, pour se diriger ensuite vers l'Est.

Le prince Frédéric-Charles se mit aussitôt en rapport avec le grand quartier-général de Versailles.

Deux partis étaient à prendre :

Se porter à marches forcées sur Dijon, et suivre le mouvement du général Bourbaki ;

Ou bien : reprendre les opérations contre l'armée du général Chanzy, qu'on savait en voie de réorganisation ; l'attaquer sur la Sarthe, et le rejeter le plus loin possible dans l'intérieur du pays.

On pouvait espérer, de cette façon, neutraliser, pour assez longtemps du moins, toutes les forces de l'Ouest de la France, et l'armée *victorieuse* pourrait revenir sur Paris, dans le cas où le général Bourbaki serait parvenu à se rapprocher de la capitale.

Ce dernier plan fut adopté à Versailles.

Le général Werder reçut l'ordre de faire tous ses efforts pour arrêter et retarder la marche de notre première armée, en attendant qu'on pût envoyer de nouveaux corps pour la combattre.

Le feld-maréchal *prince Frédéric-Charles* fut invité à reprendre le plus tôt possible ses opérations contre le Mans.

Ces instructions parvinrent au prince *Frédéric-Charles* dans la journée du 2 janvier. Il expédia aussitôt des ordres en conséquence à tous les corps.

Son plan était toujours le même : il en avait obtenu de trop bons résultats à Orléans et à Vendôme, pour ne pas le répéter.

Il fut arrêté, en conséquence, que les quatre corps dont le prince disposait seraient établis, le 5 au soir, au plus tard, sur la ligne gardée jusqu'à ce jour par le 10ᵉ corps et par les 4ᵉ et 5ᵉ divisions de cavalerie.

Tous les corps devaient ensuite se porter en

avant, en prenant la ville du Mans pour point de direction.

Le grand avantage de cette combinaison consistait dans ce fait : qu'une bataille victorieuse, livrée sous les murs du Mans, devait mettre cette ville au pouvoir des Allemands, qui se trouveraient maîtres, en même temps, de tous les passages de la Sarthe.

XXX

Conformément aux instructions du commandant en chef, le 13e *corps* fut reporté, dès le 4, de Chartres vers Nogent-le-Rotrou. Il devait s'avancer ensuite par la vallée de l'Huisne.

Nous avons dit que le général Rousseau s'était emparé le 3 de la position de Nogent, et qu'il avait poussé ses avant-gardes jusqu'à la Fourche. Nous verrons tout à l'heure que ce fut, en effet, sur ce point que se portèrent les premiers efforts du grand-duc de Mecklembourg.

La 18e *division* du 9e *corps* Allemand fut dirigée d'Orléans sur Morée. Elle devait laisser commencer le mouvement général, et s'avancer ensuite par la route directe qui conduit au Mans par Saint-Calais, formant ainsi la réserve de l'armée.

Le général Manstein, avec la réserve d'artillerie du 9e corps, marchait avec la 18e division.

Une brigade de la 25e *division* restait à Orléans, tandis que l'autre occupait toujours, sur la rive gauche de la Loire, la ligne d'Amboise à Loches.

Le 3e *corps* dut revenir d'abord à Orléans pour se diriger ensuite sur Vendôme, afin de s'établir entre le 9e *corps* (à sa droite) et le 10e *corps* (à sa gauche).

Il devait s'avancer directement sur le Mans, en occupant toujours les deux côtés de la grand'route.

Le 10e *corps* devait se concentrer entre Vendôme et Blois : la 20e division à droite, vers Vendôme ; la 19e à gauche, entre Château-Renault et Blois.

La 20e *division* devait se porter sur le Mans par Montoire et Grand-Lucé, tandis que la 19e, tenant l'extrême-gauche de l'armée, s'avancerait par Château-du-Loir et Ecommoy.

La 2e *division* de cavalerie fut rappelée de Sologne et dirigée sur Blois ; elle devait opérer conjointement avec la 1re *division* de cavalerie sur la gauche des lignes Allemandes.

Les 4e et 5e *divisions* de cavalerie devaient opérer sur la droite des mêmes lignes.

Le mouvement offensif devait commencer simultanément pour tous les corps, *le 6 janvier au matin.*

On peut voir que ce plan était admirablement conçu au point de vue *stratégique*.

Il exigeait, par contre, de la part des chefs de corps de grandes qualités *tactiques*, car la première condition du succès était une parfaite concordance entre les opérations de toutes les colonnes.

Le *prince Frédéric-Charles*, pour assurer le secret de ses mouvements, suspendit provisoirement le service de la poste, et fit défendre à toutes les troupes placées sous ses ordres d'envoyer aucune espèce de lettres ni de correspondances, quelle qu'en fût, d'ailleurs, la destination.

Revenons cependant à nos lignes, et voyons quelle était la situation de nos troupes dans les premiers jours de l'année.

Nous avons vu les dispositions arrêtées dès le 20 décembre, par le général Chanzy, pour assurer la défense du Mans.

Nous avons dit également la formation des quatre colonnes mobiles placées sous les ordres des généraux Jouffroy, Barry, de Curten et Rousseau.

Nous savons que ce dernier se trouvait dès le 3 à Nogent-le-Rotrou, ayant ses avant-postes à la Fourche.

Le général de Curten, qui occupait Château-Renault le 30 décembre, s'avança dans la journée du 2 sur la route de Vendôme.

Il avait devant lui la 37ᵉ *brigade* (du 10ᵉ corps Allemand) et une brigade de la 1ʳᵉ *division de cavalerie*.

La 38ᵉ brigade (du même corps) s'avance de Blois par Herbault pour l'attaquer sur son flanc droit.

Des engagements assez sérieux eurent lieu, tant à Villeporcher qu'à Lancé, en avant de Saint-Amand, pendant les journées du 2, du 3 et du 5.

L'avantage reste plutôt de notre côté : la preuve incontestable de ce fait, c'est que le général Curten se trouve établi le 5 au soir entre Villechauve et Villeporcher, ayant ses avant-postes à Saint-Amand.

Le général Jouffroy, à la suite de l'échec du colonel Thierry, était rentré, le 31 décembre au soir, dans les cantonnements qu'il occupait entre Azay et Mazange, à cheval sur la route de Vendôme à Epuisay.

Il n'avait pas renoncé, cependant, à son projet d'attaque contre Vendôme.

Après avoir dirigé une forte reconnaissance dans la journée du 4, sur la rive gauche du Loir, qu'il passa, *sur la glace*, à Thoré, il résolut de profiter des succès obtenus par le général Curten pour tenter, dès le lendemain, 5 janvier, un nouveau mouvement contre Vendôme.

Il occupa, en effet, dans le courant de la journée, les positions qu'il avait abandonnées le 31 décembre au soir, c'est-à-dire la ligne Pezou — Lisle — Bel-Air, au-dessus de Vendôme.

Il espérait reprendre le lendemain l'attaque de Vendôme, concuremment avec les troupes du général de Curten, qu'il supposait devoir s'avancer par le Sud.

La colonne du général Barry était fortement établie entre Château-du-Loir et Sougé, gardant le cours du Loir depuis l'embouchure de la Braye.

Il occupait principalement les villages de Pont-de-Braye, Lhomme et Chahaignes et les petites villes de la Chartre-sur-Loir et Château-du-Loir.

Ainsi qu'on peut le voir, nos quatre colonnes mobiles formaient, en quelque sorte, une ligne d'avant-postes, parfaitement capable d'arrêter les premiers efforts de l'ennemi.

Je résume encore une fois les positions des deux armées en présence, le 5 janvier au soir :

A notre gauche, le général Rousseau, à Nogent ; le général Cathelineau, à Authon, ayant devant eux le 13e corps (grand-duc Mecklembourg) et les 4e et 5e divisions de cavalerie.

Au centre, le général Jouffroy sur la rive droite du Loir, immédiatement au-dessus de Vendôme, qui est occupé par la 40e brigade (du 10e corps).

Il a, en outre, en face de lui, sur la rive gauche,

tout le 3ᵉ corps Allemand, soutenu encore par une partie du 9ᵉ corps, qui sert de réserve à l'armée ennemie.

A notre droite, sur la *rive gauche* du Loir, le général de Curten est établi entre Villechauve et Villeporcher, ayant en face de lui la 37ᵉ brigade du 10ᵉ corps, et de plus, à droite, vers Herbault, la 38ᵉ brigade qui s'avance de Blois. *(Voy.* pl. II.)

Notre extrême-droite est gardée par le général Barry, entre Château-du-Loir et Sougé. *(Voy.* pl. III.)

Il doit se garder à la fois contre les troupes de la 19ᵉ division d'infanterie qui, jusqu'ici, ne menaçait que la colonne Curten, et contre les deux divisions de cavalerie (1ʳᵉ et 2ᵉ) qui sont établies entre Château-Renault et Blois.

Il doit également observer la direction de Tours et défendre la voie ferrée du Mans à Tours, qui vient d'être rétablie.

Le prince Frédéric-Charles transportait, dès le *5 janvier,* son quartier-général à *Ouques,* en arrière du centre de ses lignes.

XXXI

Le 6 janvier au matin, la lutte s'engagea sur tous les points à la fois.

A l'extrême-gauche de nos lignes, les avant-postes de la colonne Rousseau furent attaqués, dès la pointe du jour, par la 44ᵉ brigade de la division Wittich (22ᵉ division, 13ᵉ corps).

Le général Rousseau s'avança avec le reste de ses troupes pour défendre la position de la Fourche, dont j'ai expliqué plus haut l'importance au point de vue stratégique. (*Voy.* pl. v.)

Malheureusement, nos avant-postes, accablés par le nombre, s'étaient repliés assez précipitamment; il s'ensuivit quelque peu de désordre dans notre colonne et le général Rousseau fut obligé de se retirer sur Nogent, abandonnant aux mains des Allemands trois pièces de canon démontées.

L'ennemi s'avança jusque en vue de cette ville, mais n'osa point l'attaquer le même jour.

Pendant que la 22ᵉ division s'avançait par la

route de Chartres — Nogent, la 17ᵉ division se portait de Brou sur Authon, menaçant ainsi le flanc droit du général Rousseau.

Celui-ci fut averti, dans le courant de la soirée, par une note du général Cathelineau, que des forces considérables étaient en marche contre sa droite dans l'intention bien évidente de le prévenir à la Ferté-Bernard, pour lui couper sa ligne de retraite.

Le général Rousseau prit la résolution d'évacuer Nogent, dès la pointe du jour.

La 44ᵉ brigade, formant toujours l'avant-garde de la 22ᵉ division d'infanterie Prussienne, se hâta d'occuper la ville et se remit presque aussitôt en route pour suivre notre colonne de retraite.

Elle atteignit nos arrière-gardes presque au sortir de Nogent; celles-ci, très-habilement commandées, continuèrent leur marche, tout en combattant, de façon à arrêter le plus possible les progrès de l'ennemi.

Elles n'arrivèrent au Theil que vers quatre heures.

Le général Rousseau fit déployer quelques bataillons en avant de la ville, avec ordre de soutenir le premier choc des Allemands, pendant que le reste de ses troupes se retirait sur la Ferté-Bernard.

L'ennemi n'occupa le Theil que fort tard dans la soirée.

Son avant-garde, néanmoins, poursuivit sa route dans la direction de la Ferté-Bernard, et le général Rousseau, craignant d'exposer ses troupes, encore fort inexpérimentées, aux dangers d'une attaque de nuit, continua sa retraite jusqu'à Conneré.

Il n'atteignit ce village qu'au milieu de la nuit; ses troupes étaient harassées de fatigue; un grand nombre de soldats n'avaient pu suivre la colonne pendant cette marche de plus de 40 kilomètres.

La 4ᵉ division de cavalerie Allemande, que le grand-duc de Mecklembourg avait lancée à notre poursuite, ramassa un grand nombre de traînards, dont le chiffre, notablement grossi, fut transmis aussitôt à toute l'Allemagne.

Pendant ce temps, la 17ᵉ division d'infanterie Prussienne s'était avancée d'Authon sur Montmirail et Vibraye, mais sans oser pénétrer dans les bois qui entourent ces localités et que gardaient les volontaires du général Cathelineau.

Pendant la journée du 8 janvier, le général Rousseau réorganisa sa division, qui avait beaucoup souffert, tandis que le général Cathelineau, craignant de se voir déborder, reportait ses volontaires jusque sur l'Huisne, qu'il leur fit traverser à Pont-de-Gesnes pour aller les établir à Montfort.

Le général Jaurès, qui était établi avec les 2ᵉ, 3ᵉ et 4ᵉ divisions du 21ᵉ corps entre Ivré et Montfort, au-dessus du Mans, étendit, de son côté, sa gauche jusque vers Conneré pour soutenir le général Rousseau, qui s'était établi lui-même entre Thorigné et Conneré, sur la rive gauche de l'Huisne. (*V.* pl. III.)

Les deux divisions du 13e corps Allemand opéraient pendant ce temps leur jonction entre la Ferté Bernard et Vibraye.

La 34e brigade donne la main vers Berfay aux troupes de la 18e division, qui s'avancent à droite de la grand'route de Saint-Calais.

Une brigade de la 4e division de cavalerie s'avance en même temps sur la rive droite de l'Huisne, de Bellesmes sur Bonnétable, afin de prendre nos positions à revers. (*Voy.* pl. v.)

Le 9 janvier, au point du jour, la 33e *brigade* de la 17e division attaquait la droite du général Rousseau à *Thorigné*, pendant que la 44e *brigade* (de la 22e division), descendant de la Ferté-Bernard, s'empare de Tourraye, où étaient établis nos avant-postes. (*Voy.* pl. III.)

Le général Rousseau concentre toute sa division dans Conneré, qu'il défend jusqu'au soir, avec la plus grande énergie, contre les efforts de la 22e division tout entière.

A gauche, la 33e brigade, après avoir occupé Thorigné et suivi notre droite jusque sous Conneré, s'était avancée jusque sur la route de Chartres au Mans, afin de couper la retraite, sur la rive gauche de l'Huisne, aux troupes du général Rousseau.

Elle rencontre, à la ferme de la Belle-Inutile, les avant-gardes de la division Goujeard (4º du 21º corps) qui s'avançait de Saint-Mars-de-la-Brière pour se porter au secours du général Rousseau.

Notre avant-garde, quelque peu surprise par l'attaque inopinée de l'ennemi, qu'elle ne s'attendait point à rencontrer sitôt, se replie précipitamment et va jeter le désordre dans le gros de la colonne Goujeard, qui est obligée de rentrer à Saint-Mars en abandonnant une partie de son convoi. (*Voy.* pl. III.)

Dans le courant de la nuit, le général Rousseau se replie de Conneré sur la rive droite de l'Huisne et va occuper la ligne Lombron — Pont-de-Gesnes.

La 22º division du 21º corps (général Collin) est établie à gauche de la 1re, entre Lombron, La-Chapelle Saint-Remy et Saint-Cellerin.

La 3º division (général Villeneuve) prolonge cette ligne jusqu'au delà de Bonnétable.

La 4º division (général Goujeard) est toujours à Saint-Mars-de-la-Brière, sur la rive droite de l'Huisne.

La 22º *division* d'infanterie Prussienne passe cette rivière dans la nuit du 9 au 10, en profitant du pont de Sceaux, qui n'avait pas été détruit, afin d'attaquer les généraux Rousseau et Collin sur la ligne Lombron — la Chapelle-Saint-Remy.

La 33º *brigade* de la 17º division Prussienne est

établie sur la route de Conneré au Mans, en face des troupes du général Goujeard.

La 34ᵉ *brigade* était le 10 au matin entre Bouloire et Conneré, prête à soutenir la 33ᵉ *brigade*.

La 22ᵉ *division* d'infanterie s'empare, dès le matin du 10 janvier, du petit village de Reillé, en avant de nos positions.

Elle attaque ensuite le général Collin vers la Chapelle Saint-Remy, dans l'intention de percer notre ligne et de se rendre maître de la route du Mans à Bonnétable. (*Voy.* pl. III et V.)

Les généraux Collin et Rousseau unissent leurs efforts contre les troupes de la 22ᵉ division, afin de les acculer à l'Huisne et de les jeter dans la rivière.

Nos soldats oublient leurs fatigues et se jettent avec fureur sur les bataillons ennemis.

Ceux-ci sont obligés de reculer sur toute la ligne.

Leur droite, qui se trouve en face de la division Collin, est en désordre. Malheureusement, l'obscurité survient trop tôt et met fin à la lutte.

Le général Wittich s'établit pour la nuit derrière le remblai du chemin de fer entre Reillé et Saint-Hilaire. (*Voy.* pl. III.)

Pendant ce temps, la 33ᵉ brigade Prussienne tentait de passer sur la rive gauche de l'Huisne à Pont-de-Gesnes; mais la réserve d'artillerie du 21ᵉ corps, fortement établie au-dessus de Montfort, la fit renoncer à cette entreprise en l'accablant de mitraille.

Elle tourna alors tous ses efforts contre la division Goujeard, qui était établie en avant de Saint-Mars, à la ferme de Saint-Hubert.

Le général Goujeard maintint cette position pendant une grande partie de la journée contre les efforts combinés de toute la 17e division d'infanterie Allemande. Il ne se replia que vers le soir dans la direction d'Ivré-l'Evêque.

Malheureusement, l'ennemi le serrait de très-près et le général Goujeard commit la faute d'évacuer le village de Champagné, dont la possession était d'une importance capitale, au point de vue de la défense du plateau d'Auvours.

Sur les ordres exprès du général en chef, on dut réoccuper ce village dans le courant de la nuit.

J'ai tenu à exposer en bloc les opérations de notre aile gauche, depuis le 6 janvier jusqu'au 10 au soir; c'était, il me semble, le meilleur moyen de se faire une idée exacte des positions occupées par nous et par nos adversaires le matin du 11 janvier, jour de la grande bataille du Mans.

Je vais tenter d'en faire autant pour le centre et pour l'aile droite de nos lignes, afin de pouvoir ensuite décrire les différentes phases de la journée du 11, sans que le lecteur soit obligé de faire des efforts et des recherches, pour se rendre compte des raisons qui président à certains mouvements de la bataille.

XXXII

On se rappelle que le *général Jouffroy* occupait, le 5 au soir, la ligne Pezou — l'Isle — Bel-Air, au-dessus de Vendôme, et qu'il avait l'intention d'attaquer cette ville le 6 au matin.

Nous savons, d'autre part, que la *18ᵉ division du 9ᵉ corps* Allemand était arrivée le même jour à Morée, tandis que le 3ᵉ *corps* arrivait à Vendôme. *(Voy.* pl. II.)

La 20ᵉ *division* du 10ᵉ corps, qui occupait jusqu'alors toute la ligne Vendôme — Châteaudun, devait se concentrer sur sa gauche, pour aller renforcer la 19ᵉ division entre Blois et Vendôme.

La 40ᵉ *brigade* (20ᵉ division) s'étant mis en marche au point du jour, rencontre vers Azay le colonel Thierry, qui formait la réserve du général Jouffroy.

Le colonel Thierry est obligé de reculer devant la supériorité des forces ennemies.

Il fait prévenir le général Jouffroy, qui renonce

aussitôt à ses projets d'attaque sur Vendôme, pour se reporter dans la direction Villiers — Mazanges — Forton. (*Voy.* pl. II.)

La 6ᵉ *division* du 3ᵉ corps Allemand ayant passé le Loir à Vendôme, se déployait pendant ce temps à travers la forêt, suivant de près le mouvement de retraite du général Jouffroy.

Les têtes de colonne de la 5ᵉ division Prussienne s'étaient avancées en même temps de Vendôme, et le général Jouffroy ne tarda pas à se voir attaquer de front à Villers, pendant que sur sa droite la 39ᵉ brigade (du 10ᵉ corps), ayant passé le Loir aux Roches et à Montoire, menaçait de lui couper la retraite.

Il défendit énergiquement le plateau de Villers en faisant subir des pertes considérables à la 9ᵉ brigade (de la 5ᵉ division), qui ne put occuper le village de Villers que vers le soir, alors que le général Jouffroy l'avait abandonné.

Le colonel Thierry, cependant, s'était retiré sur Epuisay d'abord, et plus tard jusque sur Saint-Calais, après un violent engagement contre les avant-gardes de la 6ᵉ division d'infanterie Prussienne.

Le général Jouffroy fit passer la Braye par toutes ses troupes dans la matinée du 7, pour aller s'établir sur le Tusson, entre Vancé et Saint-Calais, ne laissant que des avant-postes sur la Braye pour prolonger la gauche du général Barry, dont les positions s'étendaient jusqu'à l'embouchure de la Braye, dans le Loir. *(Voy.* pl. III.)

Le 3ᵉ corps Allemand s'avança de son côté, pendant la journée du 7, jusqu'à la Braye.

La 6ᵉ division, à droite, se porte d'Azay par Epuisay jusqu'à Lorgé.

La 5ᵉ division, s'avançant de Villiers, rencontre à Savignies l'*arrière-garde* du général Jouffroy, qui occupe encore ce village. *(Voy.* pl. II.)

Un violent combat s'engage aussitôt, et ce n'est que vers le soir que les Allemands se rendent maîtres de cette position, tandis que notre brave petite colonne passe la Braye à la faveur de l'obscurité.

La 18ᵉ division et l'artillerie du 9ᵉ corps, suivant le mouvement du 3ᵉ corps, s'avancent le même jour jusqu'à Epuisay.

La nouvelle de la retraite du général Jouffroy parvint au commandant en chef dans la soirée du 7. Il chargea aussitôt l'amiral Jauréguiberry de se rendre à Château-du-Loir, et de prendre la direction des opérations des différentes colonnes qui couvraient notre centre et notre droite.

XXXIII

Je me vois donc forcé de reprendre d'abord les opérations des généraux Curten et Barry, puisqu'à partir du 8 janvier, ces trois divisions ne formèrent plus qu'un seul corps, opérant sous les ordres de l'amiral Jauréguiberry.

Nous avons vu que le général Curten se trouvait établi, le 5 janvier au soir, entre Villechauve et Villeporcher, ayant en face de lui la 37ᵉ brigade, et sur sa droite, vers Herbault, la 38ᵉ brigade (19ᵉ division d'infanterie). *(Voy.* pl. II.)

En outre, les 1ʳᵉ et 2ᵉ divisions de cavalerie Prussienne sont massées devant Saint-Amand.

Le général de Curten porte ses troupes en avant, enlève à la baïonnette le village de Villethion, et occupe Saint-Amand, tandis que la 37ᵉ brigade et toute la cavalerie ennemie se retirent précipitamment sur Huisseau-en-Beauce, pour couvrir la route de Vendôme.

Le général Curten, cependant, ne laissa qu'une

avant-garde à Saint-Amand, et reprit le même soir ses positions entre Villechauve et Villeporcher.

Il fut attaqué le lendemain (7 janvier) par la 38ᵉ brigade, que la 37ᵉ brigade vint soutenir dans le courant de la journée, après avoir délogé nos avant-postes de Saint-Amand.

Le général de Curten maintint ses positions malgré tous les efforts d'un ennemi bien supérieur en nombre.

Cependant, vers le soir, alors que le combat avait cessé depuis plusieurs heures déjà, le général de Curten mit ses troupes en marche pour les reporter sur Château-Renault, dans la crainte que l'ennemi, renouvelant ses attaques pendant la nuit, ne vînt jeter le désordre dans sa colonne.

Dans la journée du 8, et sur les ordres de l'amiral Jauréguiberry, le général de Curten continua son mouvement de retraite dans la direction de Beaumont-la-Ronde, pour se porter ensuite sur Château-du-Loir et couvrir ainsi la droite de l'amiral.

L'ennemi, cependant, avait suivi de près le mouvement du général de Curten.

Tandis que la 19ᵉ division, renonçant à sa poursuite, se portait, de concert avec la 20ᵉ division, dans la direction de la Chartre-sur-Loir, les 1ʳᵉ et 2ᵉ divisions de cavalerie Prussienne furent chargées de surveiller la colonne du général Curten, tout en donnant la main à la 19ᵉ division.

Dès le 9, et pendant qu'il se portait de Beaumont-la-Ronde sur Neuvillé-Saint-Pierre, le général de Curten vit son arrière-garde attaquée par une brigade de la 1ʳᵉ division de cavalerie Prussienne. Il fit aussitôt arrêter sa colonne, prêt à accepter le combat. (*Voy.* pl. v.)

Cette fière attitude en imposa à l'ennemi, qui n'osa continuer la poursuite.

Le 10 au matin, le général de Curten se remit en route pour Château-du-Loir.

Le général Cléret, qui commandait la cavalerie attachée à cette colonne, fut laissé en arrière, avec ordre de se porter sur Saumur, afin de surveiller les mouvements de l'ennemi de ce côté.

Lorsque le général Curten arriva à Château-du-Loir, cette ville était déjà évacuée par nos troupes, ainsi que nous le verrons tout à l'heure, en étudiant les opérations de l'amiral Jauréguiberry.

Les Allemands, cependant, ne l'occupaient pas encore; mais la voie du chemin de fer était déjà coupée entre Château-du-Loir et Ecommoy. (*V.* pl. iii.)

Le télégraphe également ne fonctionnait plus.

Le général de Curten dut, en conséquence, ne prendre conseil que de lui-même : il résolut de poursuivre sa route dans la direction du Mans, en s'avançant à la fois par la grand'route d'Ecommoy et par la ligne du chemin de fer.

Il se mit en route le 11, dès le matin. C'était

le jour même de la grande bataille du Mans, et le bruit du canon, qu'il ne cessait d'entendre, lui faisait d'autant plus hâter sa marche.

Vers deux heures, son avant-garde arrivait aux portes d'Ecommoy, qu'occupaient, depuis le matin des troupes de la 40ᵉ brigade du 10ᵉ corps Allemand.

Le général de Curten fit attaquer le village, qu'on occupa en enlevant quelques prisonniers à l'ennemi.

Ce fut par eux que le général de Curten eut connaissance des faits qui se passaient depuis deux jours.

En apprenant que les troupes qui se trouvaient à Ecommoy formaient, non pas l'avant-garde des Allemands, ainsi qu'il le pensait, mais un simple détachement laissé *en arrière* par le 10ᵉ corps, qui devait, à cette heure, se battre sous les murs du Mans, le général de Curten comprit combien sa situation était grave.

Il se remit en marche le soir même, par la route qui conduit d'Ecommoy à Sablé.

Dès le 13, il arrivait à la Flèche, où il trouvait enfin des nouvelles et des instructions lui prescrivant de se diriger sur Laval.

XXXIV

Revenons cependant à l'amiral Jauréguiberry. J'ai tenu à exposer jusqu'au bout les mouvements du général de Curten, parce que, comme on a pu le voir, elles sont complétement indépendantes des autres opérations.

J'ai dit plus haut que l'amiral Jauréguiberry avait été chargé de prendre sous sa direction les colonnes Jouffroy, Barry et Curten, qui devaient désormais ne faire qu'un seul corps d'armée.

Nous venons de voir que l'amiral ne fut jamais rejoint par le général de Curten.

Nous savons, d'autre part, que le 7 janvier au soir, le général Jouffroy était établi sur la rive droite du Tesson, entre Vancé et Saint-Calais, se reliant par des avant-postes au général Barry, qui occupait la rive droite du Loir depuis l'embouchure de la Braye jusqu'à Château-du-Loir.

Dès le matin du 8 janvier, avant que l'amiral Jauréguiberry ne fût arrivé à Château-du-Loir, l'ennemi attaquait en même temps les avant-postes du général Jouffroy, en avant de Vancé, et ceux du général Barry vers Pont-de-Brayes.

C'était la 20ᵉ division du 10ᵉ corps Allemand que nous avons vu, pendant la journée du 6, opérer son mouvement de concentration sur Montoire, tout en livrant des combats partiels au colonel Thierry, d'une part, et au général Jouffroy lui-même, d'autre part.

Pendant toute la journée du 7, cette division était restée immobile entre Montoire et Sougé, afin de pouvoir se porter au secours de la 19ᵉ division, qui devait être engagée ce jour-là contre les troupes du général de Curten.

Nous avons vu, en effet, que celui-ci fut attaqué le 7, entre Villechauve et Villeporcher, et qu'il ne se mit en retraite que vers la nuit.

Le 8, au point du jour, la 40ᵉ brigade passait la Braye vers Lavenay, refoulant devant elle les postes avancés du général Jouffroy, et se portait sur Vancé, se faisant précéder par une brigade de la 1ʳᵉ division de cavalerie.

Un combat très-honorable pour nos spahis s'engagea en avant de Vancé.

Deux escadrons arrêtèrent, pendant près de trois heures, toute la colonne Prussienne, et donnèrent ainsi le temps au général Jouffroy de se retirer sur Saint-Georges-de-la-Couée, à quelques kilomètres de Vancé.

L'ennemi, du reste, ne dépassa pas ce village, qu'il mit en état de défense, dans la crainte de se voir attaqué pendant la nuit.

Pendant ce temps, la 39ᵉ brigade, ayant également passé la Braye vers Lavenay, s'avançait sur le village de Pont-de-Braye. *(Voy.* pl. III.)

Le détachement qui occupait ce point se replia sur Poncé, annonçant l'arrivée de fortes colonnes ennemies, dont il exagérait encore le chiffre.

Le poste qui occupait Poncé, craignant d'être accablé par le nombre, se retira à son tour jusque sur Ruillé-sur-Loir.

La 39ᵉ brigade put donc s'avancer sans rencontrer d'obstacle sur la grand'route qui longe le Loir.

A Ruillé, cependant, le 8ᵉ régiment de mobiles et quelques escadrons de hussards tentèrent de s'opposer à la marche des Allemands et leur firent subir des pertes assez sensibles.

Ils se retirèrent au bout de quelques heures, dans la crainte d'être débordés, et se portèrent dans la direction de Chahaignes, pour rejoindre le gros de la colonne Barry.

La 39ᵉ brigade, après avoir occupé Ruillé, poursuivit cependant sa route et arriva le soir même jusqu'à la Chartre-sur-Loir, que nous avions évacué.

Un détachement fut envoyé avec mission de s'emparer du village de Lhomme, qui commande la route de la Chartre au Mans, par Grand-Lucé.

Cette position, malgré son importance, n'était malheureusement gardée que par un poste d'une force tout à fait insuffisante : les Allemands n'eurent pas de peine à s'en rendre maîtres.

L'amiral Jauréguiberry, retardé en route par des encombrements de la voie ferrée, n'était arrivé à Château-du-Loir que vers deux heures de l'après-midi, pendant que tous ces mouvements étaient en voie d'exécution.

Ce ne fut que vers le soir qu'il eût connaissance des échecs subis, à la fois, par les deux généraux placés sous son commandement.

Il prit immédiatement ses dispositions pour la journée du lendemain (9 janvier).

Le général Jouffroy dut se porter pendant la nuit encore jusque sur Brives, afin de défendre à tout prix la route de Grand-Lucé.

Le général Barry, qui gardait encore la ligne Chahaignes — Château-du-Loir, dut concentrer toutes les troupes disponibles autour de Chahaignes, en ne laisant que des postes le long du Loir.

On espérait que le général Curten arriverait dans la journée à Château-du-Loir, et couvrirait ainsi la droite de notre ligne.

Nous avons vu qu'il fut arrêté pendant sa marche par une attaque de cavalerie, qui l'obligea de passer la nuit du 9 au 10 à Neuvillé-Saint-Pierre, entre Beaumont-la-Ronde et Château-du-Loir. (Pl. v.)

Pendant cette même journée du 8 janvier, la 19ᵉ division (du 10ᵉ corps Allemand), n'ayant plus rien à craindre du général de Curten, s'était avancée depuis Saint-Amand, par Montoire, jusqu'à Sougé, formant ainsi une puissante réserve aux deux brigades de la 20ᵉ division qui se trouvaient à Vancé (40ᵉ) et à Lhomme (39ᵉ).

XXXV

Le centre des lignes Allemandes s'avançait pendant ce temps sans rencontrer aucun obstacle.

Le 3ᵉ corps était, le 8 au soir, au-delà de Saint-Calais, à cheval sur la route du Mans.

Le 9ᵉ corps, plus à droite, passait la Braye à Sorgé et occupait le soir la ligne Conflans — Berfay, se reliant sur ce point, ainsi que je l'ai dit plus haut, avec le 13ᵉ corps, qui était, le 8 au soir, entre Vibraye et la Ferté-Bernard.

Il suffit de jeter les yeux sur une carte pour se rendre compte des progrès faits par l'ennemi depuis trois jours. *(Voy.* pl. III et V.)

Il occupe, le 8 janvier au soir, un arc de cercle

s'étendant de la Ferté-Bernard, au Nord, jusqu'à la Chartre-sur-Loir, au Sud.

Le général Chanzy ne connut que dans la nuit du 8 au 9 les événements qui s'étaient passés sur sa droite.

Il comptait néanmoins sur l'énergie indomptable de l'amiral Jauréguiberry, pour réparer le mal et arrêter les progrès de l'aile gauche des Allemands.

Il se préoccupait davantage de leur centre, qui menaçait d'arriver jusque sous les murs du Mans, puisque nous n'avions à ce moment aucune force qui défendît la route directe de Saint-Calais.

Le général Chanzy fit partir, dans cette nuit du 8 au 9, la 2º division du 17º corps, placée sous les ordres du colonel Pâris, avec ordre de se porter sur Bouloire et de défendre cette petite ville jusqu'à la dernière extrémité.

Nous verrons un peu plus tard comment le colonel Pâris s'acquitta de sa mission. Revenons pour le moment aux deux divisions de l'amiral Jauréguiberry.

Le 9, au point du jour, à la faveur d'un brouillard très-épais, la 40º brigade Allemande s'avançait de Vancé sur Brives, afin de joindre ses efforts à ceux de la 39º brigade et de se rendre définitivement maître de la route du Mans, par Grand-Lucé.

Elle rencontra à Brives la plus forte partie de la

division Jouffroy. (Le colonel Thierry avec son détachement formait toujours la gauche de cette colonne et se trouvait, dès le 9 au matin, à Maisoncelles pour donner la main à la division Pâris, du 17ᵉ corps, qui avait été expédiée sur Bouloire pendant la nuit).

Un violent combat s'engage autour de Brives, mais l'ennemi reçoit sans cesse des renforts, et le général Jouffroy est obligé de se replier successivement sur Saint-Pierre-du-Lorouer et de là sur Grand-Lucé.

La 37ᵉ brigade (de la 19ᵉ division Allemande) s'était, en effet, avancée de Sougé pour soutenir les attaques de la 40ᵉ brigade sur Brives. Elle occupa Brives et Saint-Pierre-de-Lorouer, pendant que la 40ᵉ brigade entrait dans la forêt de Bersay pour tourner la gauche du général Barry.

Ce dernier se battait depuis le matin à Chahaignes contre la 39ᵉ brigade Allemande.

Celle-ci ne pouvait, en effet, s'engager sur la route de Lhomme à Grand-Lucé, tant que le général Barry se trouvait maître du plateau de Chahaignes.

Le combat n'avait commencé que vers onze heures, lorsque le brouillard s'était à peu près dissipé.

La 39ᵉ brigade s'avançait sur Chahaignes en deux colonnes à la fois : l'une venant de Lhomme et l'autre de la Chartre-sur-Loir.

Les troupes du général Barry, parfaitement secondées par l'artillerie divisionnaire, firent très-bonne contenance et repoussèrent plusieurs attaques de l'ennemi.

Mais, vers trois heures, on signala au général Barry des colonnes ennemies s'avançant du Nord, et menaçant de le prendre à revers. C'était la 40ᵉ brigade, que nous venons de voir quitter Saint-Pierre-de-Lorouer, pour soutenir, à travers la forêt de Bersay, l'attaque de la 39ᵉ brigade.

Le général Barry, craignant d'être tourné par la forêt de Bersay, contre laquelle il s'appuyait, se mit en retraite en très-bon ordre, se dirigeant sur Jupilles. Son extrême-droite était toujours à Château-du-Loir.

On peut voir que, le 9 janvier au soir, les deux divisions Jouffroy et Barry occupaient une ligne presque perpendiculaire à celle qu'elles occupaient le matin ; leur nouveau front s'étendait de Grand-Lucé, par Jupilles et la forêt de Bersay, jusqu'à Château-du-Loir.

XXXVI

Voyons cependant ce qui se passait pendant ce temps au centre des lignes Allemandes. J'ai dit que le 3ᵉ corps était, le 8 au soir, au-delà de Saint-Calais, à cheval sur la grand'route du Mans.

Le prince Frédéric-Charles était de sa personne à Saint-Calais.

Le 9 au matin, le 3ᵉ corps continue son mouvement. La 6ᵉ division marche sur la route même de Saint-Calais au Mans.

La 5ᵉ division, à gauche de la route, s'avance à travers champs.

Nous savons que le général Chanzy avait expédié, dès le 8 au soir, sur Bouloire, le colonel Pâris avec la 2ᵉ division du 17ᵉ corps.

Malheureusement, des circonstances imprévues vinrent retarder la marche de cette division, et lorsque l'ennemi se présentait vers 10 heures du matin devant Bouloire, ce village n'était occupé encore que par les avant-gardes du colonel Pâris :

le gros de la colonne était arrivé seulement au village d'Ardenay, que l'on mit promptement en état de défense.

La 6ᵉ division Prussienne ne fait que traverser Bouloire, refoulant devant elle les avant-postes du colonel Pâris.

Vers une heure, elle arrive devant Ardenay. Une lutte excessivement violente s'engage pour la possession de ce petit village. Le colonel Pâris a su profiter fort habilement des avantages naturels de la position, et jusqu'au soir il oppose un obstacle infranchissable aux efforts de la 6ᵉ division Prussienne.

Pendant ce temps, malheureusement, la 5ᵉ division, s'avançant, comme je l'ai dit, à gauche de la route, s'emparait d'abord du village de Surfond, qui n'était également gardé que par des avant-postes.

De là elle se portait sur Challes, menaçant ainsi la droite de la division Pâris.

La nuit était venue cependant, et la lutte avait cessé sur toute la ligne.

Le colonel Pâris, fort inquiet de sa situation, en présence des progrès faits sur sa droite par la gauche de l'ennemi, se mit en retraite pendant la nuit, se dirigeant sur le plateau d'Auvours et livrant malheureusement à l'ennemi la route directe du Mans.

Le 9 janvier au soir, le centre des lignes Allemandes s'avançait de cette façon, comme un coin, dans nos propres lignes.

Leur droite (13ᵉ corps) était à Conneré.

Le 9ᵉ corps reliait la droite au centre et se trouvait en avant de Bouloire, à droite de la grand'route ;

Le 3ᵉ corps entre Ardenay et Challes, menaçant Parigné-l'Evêque ;

Le 10ᵉ corps, de beaucoup en arrière, n'était encore qu'en deçà de Grand-Lucé, entre Saint-Pierre-de-Lorouer et Flée. *(Voy.* pl. III.)

Les divisions Jouffroy et Barry, qui occupaient toujours la ligne Grand-Lucé — Jupilles — Château-du-Loir, à travers la forêt de Bersay, se trouvaient ainsi menacées à la fois sur leur front et sur leur flanc gauche (par le 3ᵉ corps).

L'amiral Jauréguiberry, qui se trouvait encore de sa personne à Château-du-Loir, fit évacuer cette ville le 10 au matin, et prescrivit aux deux généraux sous ses ordres de se mettre en retraite sur le Mans, et d'aller occuper les positions qui leur étaient assignées d'avance dans le plan de défense de cette ville.

Le général Jouffroy devait se retirer de Grand-Lucé par Parigné-l'Evêque.

Ce village avait été occupé la veille au soir par un régiment de la 5ᵉ division d'infanterie Prussienne, mais le général Chanzy avait expédié pendant la nuit une brigade de la 1re division du 16e corps, sous les ordres du colonel Pereira pour reprendre Parigné et le défendre.

Le général Jouffroy, cependant, n'étant pas averti de cette réoccupation, se jeta sur la gauche, dans la direction de Mulsanne, ne laissant sur la route de Parigné qu'un seul de ses régiments.

La brigade Pereira s'était vue attaquée, dès le matin du 10, par les troupes de la 9e brigade d'infanterie Prussienne (5e division, 3e corps), soutenues plus tard par la 10e brigade, venant de Challes. Nos troupes résistaient avec la plus grande énergie, comptant toujours sur le concours du général Jouffroy, qu'on s'attendait à voir déboucher d'un instant à l'autre, par la route de Grand-Lucé.

Nous venons de voir qu'un seul régiment de cette colonne put soutenir les efforts du colonel Pereira.

Ce dernier, voyant les colonnes ennemies grossir à chaque instant, se mit en retraite sur Buandin, tandis que le régiment de la colonne Jouffroy (70e mobiles), se jetant à gauche, alla rejoindre sa division entre Brette et Mulsanne.

La 5e division d'infanterie Prussienne (3e corps) occupa Parigné-l'Evêque et continua sa marche sur le Mans pendant que la 6e division s'avançait, de son côté, par la route de Saint-Calais.

La 11ᵉ brigade (6ᵉ division), marchant en tête, attaquait, dès onze heures, le petit village de Changé, à gauche de la route venant de Saint-Calais.

La 1ʳᵉ brigade de la division Desplanques (1ʳᵉ division 16ᵉ corps), sous les ordres du colonel Ribell, occupait ce point, qui n'est distant que de quelques kilomètres du principal faubourg du Mans (Ponthieue).

La brigade Ribell se défendit avec la plus grande énergie.

Les Allemands ne tardèrent pas à faire soutenir les efforts de leur 11ᵉ brigade par une partie de la 12ᵉ, qui était en réserve.

En outre, nous savons que le colonel Pereira venait d'évacuer Parigné-l'Evêque, et toute la 5ᵉ division Allemande s'avançait, ainsi que nous venons de le voir, sur la route de Grand-Lucé au Mans.

Le colonel Ribell, voyant ainsi sa droite menacée, dut songer à la retraite.

Il n'évacua cependant Changé que vers six heures du soir, et alla s'établir dans le bois qui se trouve entre Changé et le Mans, sa gauche appuyée à l'Huisne.

Le colonel Péreira était déjà établi sur la droite, de sorte que toute la division Desplanques se trouvait réunie, dans le secteur qui sépare l'Huisne de la route de Grand-Lucé, en arrière du *Chemin-aux-Bœufs*.

Le général Jouffroy, qui s'était mis en retraite, ainsi que nous l'avons dit, de Grand-Lucé sur Mulsanne, et de là sur Pontlieue, fut dirigé pendant la nuit sur la gauche de la division Desplanques, afin de renforcer ces positions.

XXXVII

Voyons cependant ce qui se passait pendant ce temps, à notre droite, que couvrait toujours le général *Barry*.

Nous avons vu que sa division occupait, le 9 janvier au soir, la ligne Jupilles—Château-du-Loir, et que l'amiral Jauréguiberry lui avait prescrit de se mettre en retraite sur Ecommoy, en se servant, au besoin, du chemin de fer, pour hâter l'évacuation de Château-du-Loir.

Malheureusement, dans la nuit du 9 au 10, la voie ferrée avait été coupée par l'ennemi, d'une façon restée inexpliquée jusqu'à ce jour, puisque la ligne Ecommoy—Château-du-Loir était en notre pouvoir.

Cette opération, dont les suites pouvaient avoir les conséquences les plus fâcheuses pour nous, avait été exécutée par un capitaine du génie attaché à l'état-major du 10ᵉ corps Allemand.

Cet officier, secondé seulement par six sapeurs, osa traverser nos lignes à la faveur de l'obscurité, parvint jusqu'auprès d'Ecommoy, détruisit complétement la voie du chemin de fer et put rentrer avant le jour à Brives, où se trouvait le quartier-général du 10ᵉ corps, *sans avoir aperçu une seule de nos sentinelles.*

J'ai cru devoir citer ce fait pour prouver une fois de plus la nécessité absolue de garder les lignes qu'on occupe sans laisser aucune solution entre les différents postes, quelle que soit, du reste, la longueur de ces lignes.

Une négligence peut avoir des conséquences incalculables et détruire parfois les combinaisons les mieux conçues.

Quoiqu'il en soit, le général Barry se retira pendant la journée du 10 sur Ecommoy d'abord, et de là sur Mulsanne, à la suite de la division Jouffroy.

La 20ᵉ division (du 10ᵉ corps Allemand) occupa successivement Grand-Lucé et Ecommoy.

La 19ᵉ division, toujours en réserve, s'établissait pendant ce temps, dans la forêt de Bersay, en ramassant un certain nombre de traînards qui n'avaient pu suivre les colonnes Jouffroy et Barry.

Nous avons vu plus haut que le général de Curten arrivait dans la journée du 10, à Château-du-Loir, que l'ennemi n'avait point occupé.

Cette journée du 10 janvier, qui, sur notre gauche, avait été plutôt heureuse (l'ennemi ne put rompre la ligne occupée par le 21ᵉ corps entre Lombron et la Chapelle-Saint-Rémy), ne nous était donc rien moins que propice, au *centre* et à *droite*.

Avant que d'exposer les opérations du lendemain 11 janvier, je crois devoir résumer, en peu de mots, les situations respectives des deux armées en présence.

Sur notre *gauche*, le 21ᵉ corps gardait, ainsi que je l'ai dit, la ligne Lombron — La Chapelle-Saint-Remy jusque vers Bonnétable, contre les attaques de la 22ᵉ division d'infanterie et d'une brigade de la 4ᵉ division de cavalerie Prussienne.

Sur la rive gauche de l'Huisne, le plateau d'Auvours était gardé par la 4ᵉ division du 21ᵉ corps (général Goujeard), qui avait repris Champagné le 10 au soir, ainsi que je l'ai dit, et par la 2ᵉ division du 17ᵉ corps (colonel Pàris), qui s'était repliée, le 9 au soir, d'Ardenay, et qui, pendant la journée du 10, avait été quelque peu renforcée et réorganisée par son chef. (*Voy.* pl. III.)

Le général de Colomb dirigeait la défense du plateau.

Nous savons qu'il avait en face de lui, la 17ᵉ division d'infanterie du 13ᵉ corps Allemand, à *Saint-Mars-de-la-Brière* et tout le 9ᵉ corps au *Breil*.

Notre droite s'étendait le long du chemin aux Bœufs, depuis *Arnage* jusqu'à *Ivré-l'Evêque*.

L'amiral Jauréguiberry, revenu le 10 janvier au soir avec la colonne du général Barry, avait établi ses troupes de la façon suivante.

A gauche, les divisions Jouffroy et Roquebrune du 17ᵉ corps défendant le petit bois en arrière de Changé et les abords de l'Huisne.

Elles avaient à lutter contre tout le 3ᵉ corps Allemand, qui se trouvait établi, le 10 au soir, sur le chemin qui, passant par Changé, réunit la route de Saint-Calais à celle de Grand-Lucé, parallèlement au chemin des Bœufs. (*Voy.* pl. III.)

Le centre de l'amiral Jauréguiberry, entre les routes d'Ecommoy et de Grand-Lucé, était gardé par la 1ʳᵉ division du 16ᵉ corps (général Desplanques); la division Barry en réserve, à Pontlieue.

A l'extrême-droite et sur la route même d'Ecommoy, se trouvaient les mobilisés de Bretagne sous les ordres du général *Lalande*. Ils occupaient une excellente position, *la Tuilerie*, et avaient ordre de la défendre jusqu'à la dernière extrémité. (*Voy.* pl. III.)

La journée du lendemain devait être décisive et nos positions étaient assez fortes pour défier les attaques de l'ennemi.

XXXVIII

Le général Chanzy adressa dans la nuit une proclamation à ses troupes pour faire appel à leur courage, à leur patriotisme et à leurs propres intérêts, les prévenant, d'ailleurs, qu'il ferait *sauter*, au besoin, tous les ponts de la Sarthe pour les *obliger* à se battre jusqu'à la dernière extrémité.

La bataille commença le 11 janvier au point du jour, et comme elle se divise en trois combats parfaitement distincts, je demanderai la permission d'exposer successivement les opérations de la gauche, du centre et de la droite de nos lignes.

Notre gauche était couverte, ainsi que je l'ai dit, par le 21e corps, qui gardait la ligne Pont-de-Gesnes — Lombron — La-Chapelle-Saint-Remy — Bonnétable.

On a vu que, pendant la journée du 10, la 22e division d'infanterie Prussienne n'avait pu rompre cette ligne et qu'elle avait dû se replier, et prendre position derrière le remblai du chemin de fer de Chartres, ayant la rivière à dos.

Le grand-duc de Mecklembourg, très-effrayé du danger que courait cette division d'être jetée dans l'Huisne, fit remonter la 17e division, pendant la nuit, jusqu'à Conneré et lui fit passer la rivière sur ce point.

Ce fut donc le 13e corps *tout entier* qui s'avança, le 11, au point du jour, contre les trois divisions Rousseau, Collin et Villeneuve. (*Voy.* pl. III.)

Le combat s'engagea avec une extrême violence.

A droite, le général Rousseau se maintient à Pont-de-Gesnes, mais en se concentrant sur ce point.

Le centre se trouvait affaibli d'autant, et le général Collin, ne pouvant se maintenir sur la ligne Lombron — La-Chapelle-Saint-Remy, se voit forcé de rétrograder. Il s'établit sur le chemin qui conduit de Pont-de-Gesnes, par Montfort et Saint-Corneille, vers Savigné-l'Evêque.

La lutte avait été des plus vives, les pertes étaient énormes des deux côtés, et le grand-duc de Mecklembourg avait dû appeler à son aide la 35e brigade du 9e *corps* Allemand (réserve de l'armée).

La gauche de l'amiral Jaurès, division Villeneuve, n'avait été que faiblement engagée, mais elle avait dû suivre le mouvement du centre et se trouvait, le 11 au soir, à Savigné-l'Evêque.

La journée se résumait, en somme, dans ce fait :

que nous occupions la ligne de Savigné-l'Evêque à Pont-de-Gesnes, au lieu de celle de Bonnétable à Pont-de-Gesnes.

Les cinq brigades d'infanterie engagées par l'ennemi n'avaient donc obtenu qu'un succès presque insignifiant, et leurs pertes étaient tellement considérables que le grand-duc de Mecklembourg aurait pu dire le soir, en toute conscience : *Encore une victoire comme celle-là, et nous sommes perdus.*

XXXIX

Voyons cependant ce qui se passait au centre de nos lignes.

Nous avons vu que le plateau d'Auvours était gardé par la 2ᵉ division du 17ᵉ corps (général Pâris) et par la division Goujeard, qui occupait les pentes entre Ivré-l'Evêque et Champagné.

Ce dernier village fut attaqué, dès le matin, par la 12ᵉ brigade (du 3ᵉ corps Allemand).

Les troupes du général Goujeard se défendirent avec la plus grande énergie; mais vers midi, la

36ᵉ brigade du 9ᵉ corps *(réserve des Allemands)* vient joindre ses efforts à ceux de la 12ᵉ brigade.

Nos troupes, accablées par le nombre, sont obligées d'évacuer Champagné, en subissant des pertes considérables.

Pendant ce temps, la réserve d'artillerie du 3ᵉ corps Allemand, établie au-dessus de Changé, engageait une canonnade des plus violentes avec nos batteries, en position sur le plateau d'Auvours.

Vers deux heures, l'ennemi, qui venait d'occuper Champagné, lance la 6ᵉ division d'infanterie (11ᵉ et 12ᵉ brigade) à l'assaut du plateau d'Auvours.

La division Goujeard, fortement éprouvée depuis le matin, recule, entraînant dans sa retraite la division Pâris, qui est encore sous l'impression du combat d'Ardenay et qui se retire en perdant six de ses pièces.

Le plateau d'Auvours va rester aux mains de l'ennemi.

C'est en ce moment que le général Chanzy fait appel au courage des volontaires de l'Ouest.

Comme à Loigny, cette héroïque phalange s'avance, déployant dans les airs sa bannière consacrée.

Les Prussiens hésitent d'abord et ne tardent pas à reculer.

Nos braves volontaires balayent le plateau tout entier et l'occupent, prêts à résister aux efforts de l'ennemi, s'il osait renouveler ses attaques.

On voit que notre centre, après avoir couru les plus grands dangers, se trouvait, en somme, intact le 11 au soir, puisque nous restions maîtres du plateau d'Auvours, qui forme, en quelque sorte, la citadelle du Mans.

XL

Que se passait-il pendant ce temps sur la droite de nos lignes.

L'amiral Jauréguiberry occupait, on s'en souvient, le chemin aux Bœufs, depuis Arnage jusqu'à Ivré-l'Evêque.

Sa gauche, appuyée à l'Huisne, était gardée par les deux divisions Jouffroy et Roquebrune.

Elles furent attaquées, dès le matin, par la 5ᵉ division d'infanterie (du 3ᵉ corps Allemand) que nous avons vu, la veille, s'avancer de Parigné-l'Evêque, sur la route du Mans, jusqu'à hauteur de Changé.

Nos troupes, quoique très-inférieures en nombre, résistent avec la plus grande énergie.

L'amiral Jauréguiberry les fait soutenir vers le

milieu de la journée par la division Barry, qui se trouvait en réserve à Pontlieue.

Une batterie de mitrailleuses, habilement disposée sur les hauteurs qui dominent le chemin des Bœufs, fait de véritables ravages dans les lignes Allemandes, qui reculent en désordre, et nous laissent maîtres incontestés de toutes nos positions.

Pendant ce temps, le général Desplanques, établi entre les routes d'Ecommoy et de Parigné-l'Evêque, ne se voyait que bien faiblement attaqué par la 38ᵉ brigade (19ᵉ division) et par quelques escadrons de cavalerie ennemie.

Il n'eut qu'à replier ses avant-postes, et la colonne Allemande, ayant occupé, vers deux heures de l'après-midi, le château de la Paillerie, en arrière de Parigné-l'Evêque, le combat s'était complétement arrêté de ce côté.

Que faisait donc pendant ce temps le gros du 10ᵉ corps Allemand, et que signifiait cette attaque isolée de la 38ᵉ brigade ?

Nous avons vu que le 10 janvier au soir, la 20ᵉ division Prussienne occupait en force la ligne Grand-Lucé — Ecommoy, tandis que la 37ᵉ brigade (19ᵉ division) gardait la forêt de Bersay.

Pendant la journée du 11, toute la 20ᵉ division et la 37ᵉ brigade se concentrèrent au-delà d'Ecommoy, dans la direction du Mans.

L'attaque de la 38ᵉ brigade, dont nous venons de parler, n'avait pour but que de masquer les mouvements des autres troupes du 10ᵉ corps.

La 39ᵉ et la 40ᵉ brigade (20ᵉ division) s'avançant à la fois par la route d'Ecommoy et par la voie du chemin de fer, ne tardèrent pas à dépasser Mulsanne, et vers cinq heures du soir, leurs avant-gardes arrivaient à la ferme des Mortes-Aures, sans que le général Lalande (commandant les mobiles de Bretagne, à notre extrême-droite) non plus que le général Desplanques n'en fussent avertis.

La bataille cependant s'était arrêtée sur toute la ligne.

L'aspect général de la journée paraissait tout en notre faveur.

A notre gauche, les progrès de l'ennemi étaient presque insignifiants et bien chèrement achetés.

Au centre, nous restions maîtres du plateau d'Auvours.

A droite, nos positions étaient intactes, l'ennemi avait subi des pertes énormes, et quelques-unes de ses colonnes s'étaient repliées en désordre.

Tout semblait présager que le prince Frédéric-Charles renoncerait dès le lendemain à ses projets, et déjà l'on supputait les chances que nous offrirait sa marche rétrograde.

Malheureusement, le poste de mobilisés qui gardait sur notre extrême-droite la position de *la Tuile-*

rie, fut attaqué, vers huit heures du soir, par quelques bataillons de la 20ᵉ division d'infanterie Prussienne.

Une panique épouvantable s'empara des troupes du général Lalande qui se replièrent, en désordre, jusque sur Pontlieue, laissant l'ennemi occuper les hauteurs qu'elles étaient chargées de défendre.

L'amiral Jauréguiberry donne l'ordre de reprendre à tout prix *la Tuilerie*, mais les mobilisés refusent de marcher, jetant leurs armes et se portant en foule sur le Mans pour y chercher un refuge.

Le général Desplanques se porte bravement en avant, pour réparer la faute des mobilisés, mais déjà l'ennemi occupe en grandes forces les positions dont il s'est emparé.

Le général Desplanques est obligé de rétrograder lui-même sur Pontlieue, d'autant plus qu'à sa gauche les troupes du général Jouffroy viennent d'abandonner *le Tertre*, excellente position que l'ennemi avait vainement attaqué pendant toute la journée.

Ces événements sur notre droite changeaient complétement la situation.

Le général Chanzy ne connut la réalité des faits que fort tard dans la nuit.

Il comprit aussitôt que la retraite était indispensable et qu'il fallait se hâter, afin de prévenir la démoralisation que ces fâcheuses nouvelles ne manqueraient point de jeter dans toutes les colonnes.

Il expédia aussitôt des ordres de retraite à tous les généraux, sauf à ceux du 21ᵉ corps, qui devaient, de même qu'à Josnes et à Vendôme, protéger la retraite du reste de l'armée.

Pendant toute la nuit du 11 au 12, le désordre ne fit qu'augmenter sur notre droite.

Les mobilisés de Bretagne traversaient la ville dont ils avaient forcé les postes, affirmant que l'ennemi marchait sur leurs traces.

Une panique inexprimable ne tarda pas à gagner les divisions Desplanques et Barry.

L'abandon de la position du *Tertre* par les troupes du général Jouffroy, ne fit qu'augmenter le désordre, et pendant les dernières heures de la nuit, tout le faubourg de Pontlieue et la partie du Mans qui se trouve sur la rive gauche de la Sarthe, étaient littéralement remplis de soldats affolés.

Le général Chanzy fit immédiatement garder les ponts de la Sarthe par la gendarmerie, afin d'obliger les fuyards à se grouper, par régiment, et de pouvoir ainsi, mettre un peu d'ordre dans la retraite.

XLI

Tout le secteur, entre la Sarthe et l'Huisne, depuis Arnage jusqu'à Ivré, n'était plus gardé que par les troupes du général Roquebrune, dont l'énergie sut dominer les périls de la situation.

L'ennemi, fort heureusement, ne soupçonnait même pas ce qui se passait dans nos lignes.

Vers le matin, les nouvelles de la nuit parvinrent jusqu'au plateau d'Auvours, et le général Colomb dut aussitôt se mettre en retraite, pour éviter que ses troupes, terrorisées par l'annonce des revers de notre droite, ne se laissassent gagner par la panique.

Le général Chanzy voulait se mettre en retraite dans la direction d'Alençon, en profitant, à cet effet, de la bonne tenue et de la fermeté de sa gauche, qui, sous les ordres du général Jaurès, tenait, comme nous savons, la ligne Savigné-l'Evêque — Pont-de-Gesnes.

Il comptait remonter le cours de la Sarthe par

la rive droite, et gagner la ligne Alençon — Argentan.

Le 19ᵉ corps, en formation à Cherbourg et dont l'organisation était à peu près terminée, devait être dirigé, par le chemin de fer, sur Argentan, de façon à former la *gauche* du nouveau front de bataille (face à Paris).

Les 16ᵉ et 17ᵉ corps formeraient *le centre*, après qu'on aurait pu les reconstituer à la faveur d'un répit de quelques jours, qu'on irait chercher, au besoin, derrière *les lignes d'Argentan*.

Le 21ᵉ corps, après avoir couvert la retraite, passerait à son tour la Sarthe et se porterait sur Alençon, formant désormais la *droite* de l'armée.

Tel était l'ensemble du mouvement combiné par le général Chanzy, dont le courage et l'énergie n'avaient été nullement ébranlés par les disgrâces de *la fortune*, qui semblait lui sourire la veille encore.

Tous les ordres de marche furent expédiés dès la pointe du jour.

Le 16ᵉ corps, composé des divisions Desplanques et Barry et de la cavalerie du général Michel, devait se diriger par la route de Laval jusqu'à Chouffour et se redresser le lendemain dans la direction de Lavardin. *(Voy.* pl. ɪv.*)*

Le 17ᵉ corps devait suivre la route de Conlie et se redresser le lendemain dans la direction de Ségrie.

Le 21ᵉ corps devait masquer la retraite et se retirer, vers le soir seulement, sur Beaumont, pour y passer la Sarthe.

Tous ces mouvements devaient s'effectuer dans le plus grand ordre possible.

Le 16ᵉ corps, sous les ordres de l'amiral Jauréguiberry, ne devait se mettre en route qu'alors que l'évacuation des approvisionnements accumulés à la gare du Mans, aurait été achevée.

XLII

Voyons cependant ce qui se passait pendant ce temps dans les lignes Allemandes.

Le prince Frédéric-Charles était rentré le 11, vers cinq heures du soir, à son quartier-général d'Ardenay.

Il s'était tenu, pendant toute la journée, avec la 5ᵉ division du 3ᵉ corps.

On se rappelle que cette division avait fait de vains efforts pour s'emparer des positions occupées en arrière de Changé par les divisions Jouffroy et Roquebrune.

D'un autre côté, le prince Frédéric-Charles avait pu juger par lui-même des faits qui s'étaient passés à sa droite. Il avait vu les deux brigades de la 6e division Prussienne redescendre en désordre les pentes du plateau d'Auvours, lors de la marche irrésistible de nos braves volontaires de l'Ouest.

En rentrant à son quartier-général, le prince eut connaissance des opérations du grand-duc de Mecklembourg, qui n'avait pu s'avancer que d'une façon presque insensible, aux prix des plus grands sacrifices.

Les pertes étaient énormes, et le prince Frédéric-Charles dut attendre avec une impatience fébrile des nouvelles du 10e corps, dont le mouvement divergent par Ecommoy, pouvait seul assurer ces opérations du lendemain.

Je crois qu'il ne faut, en effet, ajouter qu'une bien médiocre croyance aux affirmations qui prétendent que le prince Frédéric-Charles songeait à se mettre en retraite dans la nuit du 11 au 12. Ce sont là des suppositions tout à fait gratuites, et que l'étude des faits réduit absolument à néant.

Le mouvement du général Voigts-Reez, destiné à déborder la droite de nos lignes, faisait partie intégrante des combinaisons du prince, et sans doute qu'avant d'en connaître le résultat, il ne pouvait prendre une décision, que l'état de ses troupes ne justifiait nullement, du reste.

Il faut bien le dire, toutefois : les résultats obtenus par l'avant-garde du 10ᵉ corps dépassaient toutes les espérances de l'état-major Allemand.

On comptait reprendre la lutte le 12 au matin, et c'est dans ce sens que tous les ordres furent expédiés dans la soirée du 11 janvier.

Lorsqu'on sut, vers minuit, l'occupation de *la Tuilerie* et plus tard celle du *Tertre*, on put compter à bon droit que la journée du lendemain serait décisive pour les armes Allemandes.

Comme je l'ai déjà dit, on ne soupçonnait point, fort heureusement, ce qui se passait, en réalité, sur notre droite.

Le troupes du général Voigts-Reez, très-fatiguées à la suite des longues marches de la journée, ne songeaient qu'au repos, et nous verrons tout à l'heure que ce furent *la 38ᵉ brigade d'infanterie* et la *brigade de cavalerie* qui avaient lutté, le 11, contre la division Desplanques, tout en masquant le mouvement du gros du 10ᵉ corps Allemand et qui eurent les honneurs d'entrer les premiers dans la ville du Mans.

Le 12 au matin, le général Roquebrune, qui occupait seul le chemin aux Bœufs, ainsi que nous l'avons dit plus haut, résolut de prendre l'offensive, afin de couvrir sa faiblesse et de pouvoir ensuite opérer sa retraite, sans être trop vivement pressé par l'ennemi.

Il s'avançait, en effet, dès le point du jour, contre le château de la Paillerie, occupé, depuis la veille, par la 38ᵉ brigade Prussienne.

Pendant que l'ennemi, quelque peu surpris de cette attaque, à laquelle il était loin de s'attendre, formait ses troupes en bataille, le général Roquebrune établit rapidement ses échelons par bataillons et se retira vivement sur le faubourg de Pontlieue.

Le général Schmidt, qui commandait la brigade de cavalerie attachée au 10ᵉ corps, se lança à sa poursuite et arriva presque en même temps que nos colonnes aux portes même du Mans.

Il se trouva arrêté sur ce point par les postes de gendarmerie, qui firent très-bonne contenance.

Le général Schmidt dut attendre l'arrivée de la 38ᵉ brigade, qui le suivait à courte distance.

Les Allemands pénétrèrent dans la ville, mais ils ne purent avancer que fort lentement, à cause des barricades qui coupaient toutes les rues, et derrière lesquelles un certain nombre de volontaires et d'habitants soutenaient parfois de véritables combats.

Ce ne fut que vers deux heures que l'ennemi put parvenir à la gare. La majeure partie des convois était déjà en route.

Les Allemands trouvèrent, néanmoins, encore un certain nombre de wagons et seize locomotives.

Étant maîtres de la gare, ils se trouvaient, en réalité, maîtres de toute la ville.

Ils firent immédiatement garder toutes les issues et purent s'emparer, de cette façon, d'un nombre très-considérable de traînards, appartenant un peu à tous les corps, et qui s'étaient cachés dans les maisons de la ville.

Le chiffre presque invraisemblable (16,000) des prisonniers qu'ils se vantèrent d'avoir fait pendant les combats du Mans, ne se composait, pour les deux tiers au moins, que de fuyards trouvés en fouillant les maisons de la ville et des faubourgs.

XLIII

Que se passait-il pendant ce temps sur la gauche de nos lignes ? Le général Jaurès occupait, le 11 au soir, la ligne Savigné-l'Evêque — Saint-Corneille — Pont-des-Gesnes.

Son centre, la division Collin, se trouvait en arrière, n'ayant pu garder le village de Fatines, que la 17ᵉ division d'infanterie lui avait enlevé (*Voy.* pl. III.)

Le général Collin réattaquait ce village, le 12,

dès la pointe du jour, mais sans pouvoir s'en rendre maître.

Le général Jaurès, pendant ce temps, recevait l'ordre de se mettre en retraite dans la direction de Beaumont.

Des reconnaissances de cavalerie, exécutées dès l'aube, sous les ordres du général Despeuilles, avaient signalés des forces ennemies s'avançant par cette route. (C'était une brigade de la 4° division de cavalerie (prince Albrecht), qui descendait de Bellesmes, par Mamers et la route de Ballon.)

Le général Jaurès résolut, en conséquence, de maintenir la 3° division (général Villeneuve) à *Savigné-l'Evêque*.

Pendant ce temps, la 2° division (général Collin), passant derrière le front de la 3°, devait se porter rapidement sur Ballon et mettre ce village en état de défense. *(Voy.* pl. IV.)

La 1re division (général Rousseau) était en mouvement depuis la veille au soir; car, sur les ordres du général en chef, elle devait concourir, avec les divisions Goujeard et Pâris, à la défense du plateau d'Auvours, alors qu'on ignorait encore les désastres de la soirée du 11.

L'ordre de retraite parvint au général Rousseau alors qu'il s'apprêtait à passer l'Huisne au-dessous de Champagné, pour aller occuper le plateau d'Auvours.

Il se dirigea aussitôt sur Sargé et de là sur Montreuil, où il passa la Sarthe. (*Voy*. pl. iv.)

La 3ᵉ division (général Villeneuve), soutint pendant toute la journée les efforts de la 22ᵉ division d'infanterie Prussienne et de la 35ᵉ brigade (du 9ᵉ corps Allemand), qui était restée sur la rive droite de l'Huisne, à la disposition du grand-duc de Mecklembourg.

Ce ne fut que vers le soir que le général Villeneuve se mit en retraite sur Souligné, après avoir repoussé plusieurs charges, tentées par la division de cavalerie du prince Albrecht.

La 4ᵉ division du 21ᵉ corps (général Goujeard), descendant du plateau d'Auvours, avait passé l'Huisne au-dessous de Champagné. *(Voy*. pl. iii.)

Pendant toute la journée du 12, elle eut à lutter contre la 17ᵉ division d'infanterie Prussienne qui s'avançait de Montfort et de Fatines.

Concuremment avec les volontaires de l'Ouest, le général Goujeard arrêta bravement les efforts de l'ennemi, et ne se mit en retraite que dans la nuit, se dirigeant par Savigné sur Montbizot, où il passa la Sarthe, pour aller s'établir à Saint-Jean-d'Asse, sur la route de Beaumont. *(Voy*. pl. iv.)

Pendant ce temps, les 16ᵉ et 17ᵉ corps avaient exécuté les mouvements qui leur étaient prescrits, de sorte que, le 12 janvier au soir, nous occupions les positions suivantes :

Le 16ᵉ corps à Chauffour, sur la route de Laval. (*Voy.* pl. iv.)

Le 17ᵉ corps, entre Lavardin et Conlie, sur la route de Sillé-le-Guillaume (la 2ᵉ division, général Pâris, qui occupait, avec la division Goujeard, le plateau d'Auvours, avait passé la Sarthe à Montbizot et se trouvait sur la route de Beaumont).

Le 21ᵉ corps était etabli tout entier le long de la Sarthe, dont il gardait les passages.

La cavalerie du 16ᵉ corps couvrait notre extrême-droite, entre la route de Laval et la Sarthe. (pl. iv.)

La cavalerie du 17ᵉ corps se trouvait entre Ballon et Beaumont et couvrait les positions du 21ᵉ corps.

Pendant ce temps, le 10ᵉ corps Allemand tout entier pénétrait dans la ville du Mans, de façon à pouvoir, dès le lendemain, poursuivre nos colonnes en retraite.

Les trois brigades de cavalerie, qui, jusqu'alors, surveillaient les mouvements du général de Curten, furent également rappelées au Mans, où elles arrivèrent dans la nuit du 12 au 13.

Le général Schmidt avec sa brigade s'était déjà porté à la poursuite du 16ᵉ corps, jusqu'au-delà du bois de Trongé.

Le 3ᵉ corps Allemand ne fit son entrée au Mans que dans la journée du 13, en même temps que le prince Frédéric-Charles lui-même.

Nous avons vu que le 13ᵉ corps Allemand avait

eu à lutter, pendant toute la journée du 12, contre les troupes du général Jaurès. Il occupait, le soir, tous les abords du Mans, sur la rive droite de l'Huisne.

L'état-major Allemand ignorait d'une façon absolue quels pouvaient être les projets du général Chanzy.

Se retirerait-il sur Laval pour couvrir la Bretagne?

Se porterait-il sur la Loire pour défendre les abords de Nantes et la route de Bordeaux?

Ou bien, se dirigerait-il, par Alençon, vers le Nord, pour opérer sa jonction avec les forces que l'on savait rassemblées de ce côté.

Il importait à l'ennemi de surveiller toutes ces directions à la fois.

Des ordres de mouvement furent expédiés dans ce sens, aux différents corps Allemands, pendant l'après-midi du 12 janvier.

Le 10° corps, qui se trouvait au Mans, devait porter une division en arrière, dans la direction de Tours. La 20° division fut désignée à cet effet.

La 19° division devait, pendant ce temps, poursuivre nos colonnes, sur la route directe de Laval, concuremment avec les 1re et 2° divisions de cavalerie Prussienne.

Le 3° corps Allemand devait détacher une brigade dans la direction d'Angers, tandis que les trois autres resteraient au Mans, à la disposition du commandant en chef.

Le 9ᵉ corps devait s'avancer, par contre, vers Sillé-le-Guillaume, en se tenant à la hauteur de la 19ᵉ division, qui marchait sur la route de Laval.

Le 13ᵉ corps devait se porter, le plus rapidement possible, sur Alençon, et les deux divisions de cavalerie que le grand-duc de Mecklembourg avait à sa disposition devaient s'avancer au-delà de cette ville, afin d'empêcher nos colonnes d'aller rejoindre les armées de *Normandie* ou du *Nord*.

J'ai tenu à exposer avec le plus grand détail les dispositions arrêtées par l'état-major Allemand à la suite de l'occupation du Mans.

Je pense qu'en gravant dans sa mémoire les indications que je viens de donner, il sera plus facile de comprendre la suite des opérations.

XLIV

Pendant la nuit du 12 au 13 janvier, le général Chanzy reçut de Bordeaux des dépêches du ministère, qui l'invitaient de la façon la plus impérative à prendre *Laval* pour point de direction.

Des considérations à la fois politiques et stratégiques avaient porté le gouvernement à exiger cette modification aux projets du général en chef ; on tenait à couvrir la route de Rennes et de Bretagne et l'on avait l'espoir de pouvoir, en peu de jours, reconstituer l'armée derrière la Mayenne.

Le général Chanzy obéit sans faire de réflexions.

Il expédie des ordres dans ce sens aux différents chefs de corps.

L'amiral Jauréguiberry, avec le 16e corps, doit continuer sa marche sur la route directe de Laval.

Le 17e corps doit s'avancer, par la route de Conlie, sur Sainte-Suzanne.

Le 21e corps doit se porter sur Sillé-le-Guillaume.

Pendant la journée du 13, on ne signale, du reste, que quelques engagements entre nos arrière-gardes et des partis de cavalerie ennemie.

Les mobilisés de Bretagne, qui s'étaient honteusement enfuis de la Tuilerie pendant la nuit du 11 au 12, ne s'arrêtèrent qu'au camp de Conlie.

Ils mirent à profit les journées du 12 et du 13 pour piller les approvisionnements accumulés sur ce point.

Sous prétexte de ne rien laisser à l'ennemi, ils mirent en perce un certain nombre de pièces de vin et d'eau-de-vie.

Sous l'empire d'une ivresse abjecte et honteuse,

ils brisèrent toutes les armes dont ils purent se rendre maîtres, et dont nous avions si grand besoin.

L'ennemi, pénétrant le lendemain dans le camp, ramassa quelques centaines d'ivrognes parfaitement incapables de lui offrir la moindre résistance.

Il trouva, par contre, de véritables monceaux d'armes et de munitions, dont une partie seulement était mise hors d'usage.

Le 13 au soir, cependant, nous occupions la ligne Fresnay — Sillé-le-Guillaume — Brûlon, tout le long de la route qui conduit de Fresnay à Sablé. (*Voy.* pl. IV.)

L'amiral Jauréguiberry était à Joué-en-Charnie, ayant ses avant-postes à Chassillé, sur la rive droite de la Vègre, qui lui servait de ligne de défense.

Le 17e corps était entre Neuvilette et Barennes.

Le 21e corps à Sillé-le-Guillaume, se reliant par Montreuil-le-Chétif avec les volontaires Cathelineau, qui occupaient Fresnay.

Notre extrême-droite était couverte vers Brûlon par la cavalerie du 16e corps.

Les Allemands, de leur côté, s'étaient avancés suivant les prescriptions du prince Frédéric-Charles.

La 19e division, sur la route de Laval, ayant son avant-garde sur les bords de la Vègre, en face des troupes de l'amiral Jauréguiberry.

La 18ᵉ division du 9ᵉ corps Allemand, sur la route de Conlie, s'était avancée jusqu'à Domfront-en-Champagne.

La 22ᵉ division du 13ᵉ corps, après avoir eu quelques engagements dans la matinée avec les arrière-gardes des généraux Collin et Villeneuve, entre Ballon et Beaumont, avait profité d'une panique des mobilisés de la Mayenne pour s'emparer du passage de la Sarthe et occuper cette dernière ville.

La 17ᵉ division Prussienne suivait le mouvement de la 22ᵉ division et lui servait de réserve, pendant que les deux divisions de cavalerie (4ᵉ et 5ᵉ) remontaient la rive-gauche de la Sarthe pour se porter le plus rapidement possible dans la direction d'Alençon.

XLV

Le 14 janvier au matin, les avant-postes de l'amiral Jauréguiberry sont assaillis à Chassillé par les têtes de colonne de la 20ᵉ division d'infanterie.

Le général Barry, dont la division se trouvait tout entière encore sur la rive gauche de la Vègre, oppose une résistance des plus énergiques.

Il refoule les Allemands jusqu'à Longnes, à quelques kilomètres en arrière de Chassillé.

Mais l'ennemi a détaché un régiment de la 37ᵉ brigade et toute la brigade de cavalerie du général Schmidt dans la direction de Loué. (*Voy.* pl. IV.)

Cette colonne va passer la Vègre sans rencontrer aucun obstacle et le général Barry va se trouver pris entre deux feux.

Il se hâte de passer lui-même sur la rive droite de la rivière et va rejoindre le gros du 16ᵉ corps.

Malheureusement, ses soldats, déjà éprouvés, ne conservent pas leur place dans les rangs; ils jettent le désordre dans la colonne de l'amiral Jauréguiberry, qui se voit obligé de presser sa marche et de se porter au delà de l'Erve, entre Vaîges et Saint-Jean-sur-Erve.

La cavalerie ennemie nous enlève un assez grand nombre de traînards.

Pendant que ces faits se passaient sur notre droite, les 17ᵉ et 21ᵉ corps restaient dans les positions qu'ils occupaient le 13 au soir, et les mettaient en état de défense.

Le général Chanzy voulait, en effet, livrer bataille à l'ennemi, en profitant du cours de la Vègre, qui lui formait en quelque sorte une première ligne de défense.

Malheureusement, l'échec subi sur sa droite par les troupes de l'amiral Jauréguiberry l'obligea de modifier ses projets.

Néanmoins, il résolut de maintenir sa gauche à Sillé-le-Guillaume, afin de dissimuler à l'ennemi le véritable objectif de son mouvement et de l'obliger ainsi à diviser ses forces.

Le 21ᵉ corps était établi, ainsi que je l'ai dit, sur la route de Fresnay à Brûlon.

La 3ᵉ division est à cheval sur la route du Mans à Sillé-le-Guillaume, à l'Est de cette ville.

La 1ʳᵉ division est à gauche de la 3ᵉ, à Saint-Remy-le-Sillé.

La 2ᵉ division, plus à gauche encore, à Montreuil-le-Chétif. (*Voy.* pl. iv.)

La 4ᵉ division Goujeard se relie, vers Fresnay, aux volontaires du général Cathelineau.

Ces deux dernières divisions ne furent pas engagées pendant la journée du 15 janvier.

Nous savons, en effet, que le 13ᵉ corps, qui se trouvait en face d'elles, se portait directement sur Alençon, par la route de Beaumont.

La 3ᵉ division est attaquée, dès le matin, par l'avant-garde de la 35ᵉ brigade (9ᵉ corps Allemand) qui s'avançait par la route du Mans à Sillé-le-Guillaume.

Le général Villeneuve, dont l'artillerie divisionnaire garnit les hauteurs en avant de cette ville, maintient bravement ses positions.

Plus tard, voyant que les colonnes Allemandes hésitent à renouveler leurs attaques, il porte lui-même ses troupes en avant et refoule l'ennemi jusqu'aux environs de Conlie.

Pendant ce temps, le général Rousseau luttait contre la 36ᵉ brigade Prussienne, qui s'était avancée à la droite de la 35ᵉ, le long du chemin de fer de Laval.

Il repousse également l'ennemi jusqu'au delà du village de Crissé, qu'il occupe, sans que les Allemands tentent de le reprendre.

Nous étions donc positivement vainqueurs sur notre aile gauche et le général Jaurès espérait à bon droit pouvoir poursuivre ses succès, le lendemain 16 janvier.

Malheureusement, nous étions moins heureux au centre et à droite.

Le 17ᵉ corps était établi entre Barenne et Neuvilette, ainsi que je l'ai dit plus haut. (*Voy.* pl. IV.)

Le 15 au matin, la 38ᵉ brigade du 10ᵉ corps Allemand, que nous avons vu la veille lutter, à Chassillé, contre les troupes du général Barry, s'avançait de Joué-en-Charnie vers le nord, sur la route de Fresnay.

Les avant-postes du 17ᵉ corps ayant signalé la marche de cette colonne, nos troupes se crurent tournées ; une panique effroyable se répandit dans leurs rangs et le 17ᵉ corps tout entier se mit en retraite sur Sainte-Suzanne, qu'il dépassa pour ne s'arrêter qu'à la Chapelle-Rainsouin. (*Voy.* pl. IV.)

Pendant ce temps, la 37ᵉ brigade du 10ᵉ corps Allemand et la brigade de cavalerie du général Schmidt s'avançaient sur la route de Laval, à la poursuite de l'amiral Jauréguiberry.

Celui-ci occupait fortement le village de Saint-Jean-sur-Erve et les passages de cette rivière.

Une lutte des plus vives s'engage pour la possession du village.

La division Barry tient la droite de la route, la division Desplanques la gauche.

Nos troupes résistent avec une énergie incomparable. Malheureusement, leur nombre était bien réduit et les deux divisions ensemble ne comptaient guère plus de 6,000 hommes.

Vers le soir, l'ennemi s'empare des premières maisons du village de Saint-Jean.

L'amiral Jauréguiberry se met de sa personne à la tête de ses colonnes, afin de reprendre cette position. Son chef d'état-major, le colonel Bérand, est tué à ses côtés; lui-même a son cheval blessé sous lui; ses troupes sont harassées de fatigue.

Il est obligé de repasser sur la rive droite de l'Erve et de se replier, par Vaiges, jusqu'à Soulgé; à hauteur de la Chapelle-Rainsouin, où se trouve déjà le 17ᵉ corps. (Pl. IV.)

On le voit, tandis que, sur notre gauche, nous repoussions l'ennemi, notre centre et notre droite se trouvaient fortement rejetés en arrière.

Le général Chanzy, qui se trouvait de sa personne à Evron, dut prescrire au général Jaurès de se mettre en retraite pendant la nuit et de venir s'établir avec tout le 21ᵉ corps entre Evron et Bais, de façon à se trouver à hauteur des deux autres corps.

XLVI

Pendant la journée du 16 janvier, la retraite de l'armée se poursuit dans la direction du Mans.

L'arrière-garde de l'amiral Jauréguiberry a un engagement assez sérieux avec quelques escadrons de la brigade Schmidt.

Les Allemands sont repoussés, laissant entre nos mains un certain nombre de prisonniers, parmi lesquels un jeune officier de dragons, proche parent du comte de Moltke, et portant le même nom que lui.

Le 17 janvier, toutes nos colonnes ont passé la Mayenne.

Le quartier-général est à Laval.

Le 16ᵉ corps, à cheval sur la route de Laval à Rennes.

Le 17ᵉ corps, entre Laval, Saint-Jean-sur-Mayenne

et Montflours, sur la rive droite de la rivière, dont il garde les passages.

Le 21ᵉ corps, à gauche du 17ᵉ, entre Montflours et Contest, s'étendant jusqu'aux portes de la ville de Mayenne.

Notre extrême-droite est couverte par la cavalerie du 16ᵉ corps, qui se porte sur Château-Gonthier. (Pl. IV et V.)

La cavalerie du 17ᵉ corps éclaire les abords de Laval, sur la rive gauche de la Mayenne.

On se rappelle, du reste, que la division Curten était à Laval depuis le 16. Elle reprit, dès ce jour, son rang dans le 16ᵉ corps, dont elle formait la 3ᵉ division.

L'ennemi, cependant, semblait s'être arrêté.

Le prince Frédéric-Charles, satisfait d'avoir neutralisé pour un temps assez long l'armée qu'il était chargé de combattre, ne voulait point, sans doute, s'éloigner davantage de sa base d'opération.

Le 18 janvier, le général Schmidt, à la tête de sa brigade de cavalerie, dépassait Vaiges et venait attaquer, sur les bords de la Jouanne, les avant-gardes de la division Curten.

Nos avant-postes se replient et les escadrons ennemis s'avancent jusqu'à Bonchamps.

Mais sur ce point, notre artillerie les arrête et bientôt le général Curten, se portant lui-même en avant, avec quelques bataillons de sa division, réoccupe Bonchamps, tandis que l'ennemi se retire sur la rive gauche de la Jouanne.

Ce fut le dernier engagement de la campagne.

XLVII

Pendant que le général Chanzy achevait sa retraite sur Laval, le 13e corps Allemand avait continué sa route dans la direction d'Alençon.

Dès le 14 janvier, la 22e division qui marchait en tête avait un engagement à hauteur de Fresnay, avec quelques compagnies de volontaires qui couvraient l'extrême-gauche de notre armée et qui faisaient partie du corps Cathelineau.

La ville d'Alençon elle-même était occupée par les francs-tireurs Lipowski.

Cet officier avait, en outre, sous ses ordres quelques milliers de gardes nationaux mobilisés de l'Orne et de la Mayenne.

Il avait détaché plusieurs bataillons de ces derniers dans la direction de Beaumont, afin de se relier par là au gros de notre armée.

J'ai dit comment les mobilisés de la Mayenne

avaient abandonné le village de Beaumont et le pont dont la défense leur était confiée.

Cette colonne s'était retirée jusqu'à Alençon, de sorte que la 22ᵉ division put arriver, le 14 au soir, à quelques kilomètres de cette ville sans rencontrer aucune résistance.

Le général Lipowski avait fait barricader les routes qui conduisent à Alençon, ainsi que les villages qui entourent cette ville.

Pendant toute la journée du 15, une lutte des plus vives se poursuivit entre les francs-tireurs principalement, et les troupes de la division Wittich (22ᵉ).

Le combat dura jusqu'à la nuit, mais nos munitions se trouvaient presque épuisées.

Les pertes étaient considérables des deux côtés.

L'ennemi, sans doute, avait souffert plus encore que nous-mêmes, puisque nous étions à couvert derrière des murs et des barricades, mais il amenait sans cesse des troupes fraîches sur le lieu du combat et la 17ᵉ division tout entière lui servait de réserve.

Le général Lipowski profita de la nuit pour se retirer sur Prez-en-Paille, afin de pouvoir rejoindre le gros de nos forces. (*Voy.* pl. IV et V.)

L'ennemi occupa Alençon dans la journée du 16 janvier, et le grand-duc de Mecklembourg y établit son quartier-général le lendemain 17.

La 4ᵉ division de cavalerie Prussienne fut portée dans la direction de Domfront et de Mayenne, afin de surveiller nos mouvements.

La 5ᵉ division de cavalerie Prussienne (général Rheinbaben) s'avançait pendant ce temps à travers la Normandie.

Le grand-duc de Mecklembourg lui-même ne resta que quelques jours à Alençon.

Il y laissa une brigade de la 17ᵉ division d'infanterie et s'avança avec le reste du 13ᵉ corps dans la direction de Rouen, afin de donner la main à la 1ʳᵉ armée dont le général de *Gœben* avait pris le commandement, depuis le départ du général *Manteuffel* pour l'Est.

Le grand-duc de Mecklembourg faisait son entrée à Rouen dans la journée du 27 janvier et c'est dans cette ville que le trouva la nouvelle de l'armistice.

XLVIII

Le général Chanzy, cependant, mettait à profit le temps qu'on lui laissait pour réorganiser ses troupes.

Il avait hâte de reprendre sa marche vers Paris.

Le 19ᵉ corps, désormais placé sous ses ordres, formait l'extrême-gauche de ses lignes.

Il comptait s'en servir comme d'un masque, afin de porter rapidement le reste de son armée du bassin de la Loire dans celui de la Seine, et de donner la main au général Faidherbe.

Il était sur le point de mettre ce projet à exécution, lorsqu'il reçut, dans l'après-midi du 29 janvier, l'avis qu'un armistice venait d'être signé à Versailles.

Nos troupes occupaient, à ce moment, les positions suivantes :

Le 16ᵉ corps tout autour de Laval, ayant une de ses divisions sur la rive gauche de la Mayenne.

Le 17ᵉ corps sur la rive droite de la Mayenne, entre Saint-Jean et Montgiroux. Les avant-postes sur la rive gauche, le long du chemin de fer de *Mayenne*.

Le 21ᵉ corps, à la gauche du 17ᵉ, entre Montgiroux et Ambrières; une division à *Mayenne*.

Le 19ᵉ corps, formant notre gauche, le long du chemin de fer de Vire à Argentan, se reliait, vers *La Ferté-Macé*, à la 4ᵉ division du 21ᵉ corps.

La cavalerie du 16ᵉ corps, couvrant notre droite, vers Château-Gonthier.

Le corps du général Cathelineau, à Angers.

La cavalerie du 17ᵉ corps, couvrant le front des 17ᵉ et 21ᵉ corps.

La cavalerie du 19ᵉ corps, couvrant notre extrême-gauche, dans la direction de Mézidon.

Voyons également quelle était, à cette époque, la dislocation des corps Allemands dont nous avons suivi les luttes et les progrès.

Le prince Frédéric-Charles était resté au Mans, au centre de ses positions.

Le quartier-général du 10ᵉ corps était à Tours. Nous avons vu que cette ville avait été occupée, dès le 19 janvier, par une brigade de la 20ᵉ division.

Le reste de la 20ᵉ division s'avançait, dès le 20 janvier, dans la direction d'Angers.

Toute la 19ᵉ division était établie entre Tours et le Mans, le long du chemin de fer.

Un détachement occupait Sablé, depuis le 25 janvier.

Le 3ᵉ corps était resté au Mans. La 6ᵉ division se porta sur Alençon, pour occuper les positions abandonnées par le 13ᵉ corps, après le départ de celui-ci.

Le 9ᵉ corps, que nous avons vu, après la prise du Mans, s'avancer sur la route de Sillé-le-Guillaume, fut reporté en arrière, pour garder les lignes de communications de l'armée.

Une brigade de la division Hessoise (25ᵉ division) était toujours sur la rive gauche de la Loire, dans la direction de Loches.

Une autre brigade, de la même division, était établie entre Blois et Romorantin.

Ses avant-postes furent surpris, dans la nuit du 29 janvier, par les têtes de colonne de notre 25ᵉ corps, et les Allemands durent se renfermer en toute hâte à Blois, coupant derrière eux le pont qu'ils avaient rétabli.

Nous avons vu que le grand-duc de Mecklembourg, avec le 13ᵉ corps, s'était porté, dès le 25, sur Rouen, afin de donner la main à la 1ʳᵉ armée.

Il avait emmené avec lui les deux divisions de cavalerie qui étaient placées sous ses ordres (4ᵉ et 5ᵉ).

Les 1ʳᵉ et 2ᵉ divisions de cavalerie couvraient le front des lignes Allemandes, depuis Tours jusqu'au delà d'Alençon.

Telles étaient les situations respectives des deux armées au moment de la signature de l'armistice.

Je n'ai pas à rappeler ici les conséquences de cet acte, non plus que les négociations dont il fut précédé.

Le général Chanzy fit immédiatement cesser les hostilités et donna, dès le 30, les ordres nécessaires pour que ses avant-postes fussent repliés à dix kilomètres en deçà de la ligne de démarcation arrêtée par les négociateurs de Versailles.

Il refusa, du reste, de modifier, en quoi que ce fût, le tracé de cette ligne, et conserva, vis-à-vis des état-majors Allemands, une attitude à la fois digne et réservée.

Nos ennemis lui témoignèrent, dans toutes les occasions, la plus profonde déférence.

Quelques jours plus tard, le 5 février, le général Chanzy fut mandé à Paris pour prendre part au conseil de guerre, réuni sous la présidence du général Trochu, et qui devait donner son avis sur les chances qu'il pourrait y avoir, à continuer la lutte. Le commandant en chef de l'armée de la Loire exposa bien franchement la situation aux membres du Gouvernement, qui se trouvaient encore à Paris : il ne se faisait aucune illusion sur sa gravité.

Néanmoins il jugeait que nos forces étaient en état de causer encore beaucoup de mal à l'ennemi. Il pensait qu'un *traité* quel qu'il fut, ne pouvait être que *Draconien*.

Il sentait que la continuation de la lutte causerait à l'ennemi des embarras qu'il hésiterait peut-être, à mettre en balance avec les avantages qu'il pourrait en tirer.

Le général Chanzy, dans tous les cas demandait qu'on *négociât la tête haute* et qu'on n'*implorât point* l'ennemi victorieux.

Telles furent les idées qu'il développe dès le 7 février à Paris et qui lui dictèrent plus tard, sans aucun doute, son vote dans la séance de l'Assemblée, du 1er mars 1871.

Quoiqu'il en soit, pendant la durée même de l'armistice le général Chanzy travailla de son mieux à la réorganisation des forces qui lui étaient confiées. Il proposa au ministre d'abandonner la défense de la Bretagne aux *Bretons* eux-mêmes. Le Goujeard fut investi du commandement en chef de cette région : les généraux Cathelineau et Charette devaient le seconder dans cette mission.

Les autres corps de l'armée de la Loire furent transportés dans la région du centre, entre le bassin du Cher et celui de la Vienne, de façon à défendre la route de Bordeaux et le Midi de la France.

Leur mouvement était presqu'achevé lorsqu'ils reçurent la nouvelle que *la paix était signée*.

Quelques jours plus tard, un arrêté du ministre de la guerre, général Leflô, prononçait la dissolution de l'*armée de la Loire*.

RÉSUMÉ GÉNÉRAL

Nous voici arrivés au terme de cette étude.

Nous avons suivi, pendant quatre mois, successivement, et nos efforts, et les progrès de l'ennemi.

Si l'on veut bien se rappeler quelle était, à la fin de septembre, la situation générale du pays, j'ose croire qu'il ne se trouvera personne qui ne souscrive à cette déclaration, que :

Les armées de la Loire, ont bien mérité de la patrie.

Lorsque Paris se trouva investi, le 18 septembre, nous n'avions, sur les bords de la Loire, que des forces à peines organisées et dont le chiffre faisait sourire le négociateur de Ferrières.

Cependant, dès le 6 octobre, *ces bandes d'hommes armés*, s'avançant sur Paris, causaient des inquiétudes assez vives à Versailles.

Le 1ᵉʳ corps Bavarois est détaché de l'armée d'investissement, pour arrêter la marche du général La Motte-Rouge.

Orléans est occupé, le 13 octobre, par le général Von der Thann.

Trois semaines plus tard, le 8 novembre, ce dernier est obligé d'évacuer cette ville devant l'approche de nos troupes qui, sous les ordres du général d'Aurelles de Paladines, le battent, le lendemain 9, aux environs de Coulmiers.

Cette fois, l'état-major Allemand s'effraye tout de bon.

Toutes les forces disponibles sont envoyées au secours des Bavarois.

Le grand-duc de Mecklembourg est chargé du soin d'arrêter nos colonnes.

Le prince Frédéric-Charles reçoit l'ordre de hâter sa marche, afin de pouvoir accabler nos armées.

Le général d'Aurelles de Paladines, fort de sa longue expérience, veut s'établir tout autour d'Orléans et forcer l'ennemi à prendre l'offensive.

Malheureusement, le gouvernement de Tours, faisant passer la raison d'État avant la stratégie, force le commandant en chef de notre armée à sortir de ses lignes pour se porter sur Paris.

L'ennemi met à profit ce faux mouvement.

Pendant les quatre premiers jours du mois de décembre, nos troupes luttent en avant d'Orléans.

Mais deux de nos corps se trouvent isolés dès le début de la bataille, tandis que l'ennemi concentre successivement toutes ses forces.

Notre gauche, formée des 16e et 17e corps, se voit coupée du centre et, pendant la journée du 4 décembre, une seule division, commandée par le général Martineau-Deschesnez, soutient les efforts de toute l'armée ennemie.

Orléans est occupé le 5 décembre, et le prince Frédéric-Charles croit avoir dispersé, anéanti, toutes les forces dont nous pouvions disposer.

Toute l'Europe croit la guerre terminée. Le général de Moltke lui-même écrit au gouverneur de Paris pour lui faire connaître que *l'armée de la Loire a été entièrement défaite, après quatre jours de combat.*

Le chef d'état-major général des armées Allemandes pensait, sans doute, qu'en présence de ce désastre, qui semblait enlever à la capitale tout espoir de se voir secourue, les Parisiens perdraient courage et renonceraient à la prolongation d'une lutte désormais inutile.

On sait, du reste, la façon dont fut accueillie, dans Paris, la lettre du comte de Moltke. On connaît la réponse, à la fois ironique et ferme, du général Trochu, qui semblait avoir eu l'instinct de la vérité.

L'armée de la Loire avait beaucoup souffert, sans doute; elle n'était pas anéantie pourtant.

Le prince Frédéric-Charles, pensant qu'il n'aurait à poursuivre que des fuyards et des détachements isolés, avait divisé son armée, afin de pouvoir diriger ses troupes dans toutes les directions à la fois.

Le 3e corps Allemand devait remonter la Loire dans la direction de Gien.

Le 9e corps devait passer sur la rive gauche, et suivre le cours du fleuve, dans la direction de Tours.

Le corps d'armée du grand-duc de Mecklembourg devait descendre le fleuve par la rive droite et se porter également sur Tours, où se trouvait encore le siége du gouvernement.

Le 10e corps devait rester à Orléans pour servir de réserve.

Une division de cavalerie seulement fut dirigée sur Vierzon, à travers la Sologne.

Toute cette dislocation indique bien clairement quels étaient, à ce moment, les sentiments de l'état-major Allemand ; on ne croyait pas à la possibilité d'une résistance quelconque de notre part.

Cependant, dès le 7 décembre, le grand-duc de Mecklembourg se voit arrêté dans sa marche, par les troupes dont le général Chanzy vient de prendre le commandement.

Le lendemain 8 décembre, ce sont ces mêmes colonnes qu'on croyait dispersées et détruites, qui prennent l'*offensive*.

Ce n'est qu'au prix des plus grands sacrifices que le grand-duc parvient à maintenir ses positions.

Les journaux Allemands publient des dépêches annonçant que *deux corps d'armée, encore intacts, sont venus renforcer les colonnes Françaises qui battent en retraite* et le prince Frédéric-Charles envoie en toute hâte le 10ᵉ corps au secours de l'armée du grand-duc, en même temps qu'il fait revenir sur Orléans le 3ᵉ corps.

L'état-major Allemand a reconnu son erreur; c'est à tout prix maintenant qu'il faut refouler cette armée dont on niait l'existence.

Le prince Frédéric-Charles lui-même reprend la direction des opérations et s'avance contre Vendôme à la tête de toutes les forces dont il peut disposer.

Pendant douze jours entiers, le général Chanzy résiste aux efforts de l'ennemi.

Cette retraite, marquée chaque jour par de nouveaux combats, fait le plus grand honneur à l'armée de la Loire et à ses chefs.

Il ne faut pas oublier, en effet, quelle est la composition de nos corps d'armée.

Il ne s'y trouve guère que des mobiles, des volontaires ou des recrues.

Presque tous les anciens soldats, rappelés en vertu de la loi du 10 août, ont été versés dans le 15ᵉ corps, qui se trouve sur la rive gauche de la Loire, sous les ordres du général Bourbaki.

Les Allemands eux-mêmes rendent hautement justice aux efforts du général Chanzy ; ils avouent sans aucun embarras tout l'étonnement qu'ils ont éprouvé de se voir arrêtés pendant de si longs jours, alors surtout que la nature elle-même semblait s'être faite leur alliée.

Ce fut, en effet, pendant la saison la plus rigoureuse de l'année que nos braves jeunes soldats surent tenir tête aux vieilles troupes de l'Allemagne, pour lesquelles la rigueur du froid n'avait rien de neuf ni d'extraordinaire et qui retrouvaient presque le climat de leur pays.

Le général Chanzy, cependant, s'est établi derrière la Sarthe, et l'ennemi, fatigué, n'ose poursuivre la lutte avant que d'avoir pris quelques jours de repos.

Nos troupes ne peuvent connaître cette douceur : *La patrie est en danger;* chaque minute a son prix.

A peine arrivé au Mans, le général en chef forme des colonnes mobiles, chargées d'éclairer le pays qu'on vient d'abandonner.

Pendant près de deux semaines, les hostilités semblent avoir cessé et, néanmoins, il ne se passe pas un jour sans qu'un engagement soit signalé, tantôt vers Tours et tantôt vers Vendôme, tantôt vers Nogent et tantôt vers Châteaudun.

Le prince Frédéric-Charles finit par s'inquiéter de cette tenacité.

Aussitôt qu'il apprend que le général Bourbaki s'est dirigé vers l'Est, le commandant en chef des troupes Allemandes concentre toutes ses forces contre l'armée du général Chanzy.

La combinaison stratégique, ayant pour objectif la prise de possession du Mans et de la ligne de la Sarthe, sera toujours citée comme un modèle du genre.

L'exécution, au point de vue tactique, n'est pas moins admirable.

Néanmoins, le général Chanzy avait si bien pris ses mesures; nos troupes, quoique fatiguées et bien inférieures (en artillerie surtout) aux forces qui les attaquaient, leur opposèrent une résistance si énergique que, le 11 janvier, à six heures du soir, l'état-major Allemand se voyait obligé d'envoyer les instructions les plus pressantes aux différents corps, afin de *stimuler leur ardeur* pour la bataille du lendemain.

Malheureusement, le mouvement du 10ᵉ corps réussissait au-delà des espérances que le prince Frédéric-Charles avait pu concevoir.

Les mobilisés de Bretagne abandonnaient la Tuilerie, une panique effroyable s'emparait de notre aile droite et menaçait d'entraîner notre centre.

La retraite devint absolument nécessaire !

Cette fois encore, le général Chanzy déploya toutes les qualités dont il avait déjà donné des preuves si brillantes pendant la retraite de Beaugency au Mans.

Rien de plus admirable que les instructions journalières qu'il expédie à tous les chefs de corps.

Tout est prévu avec l'attention la plus scrupuleuse, et si la manœuvre offensive du prince Frédéric-Charles mérite d'être citée comme modèle, sans doute que les ordres de marche du commandant en chef de l'armée de la Loire resteront aussi comme *types parfaits de la science militaire*.

Pendant sept jours consécutifs, nos troupes marchèrent en combattant, lassant enfin la poursuite de l'ennemi.

Dès le 20, le général Chanzy est établi sur la rive droite de la Mayenne, sa gauche s'étendant vers le Nord, afin de donner la main à l'*armée de Normandie*.

Bien loin de se laisser aller au découragement, le général ne songe qu'à prendre sa revanche.

Il veut tirer profit de son malheur; la route de Chartres lui est fermée, il passera par la vallée de l'Eure et gagnera le bassin de la Seine.

Toutes ses mesures sont prises; ses troupes, ranimées par son ardeur, brûlent de reprendre la lutte; il va commencer son mouvement, lorsque la nouvelle de l'armistice vient arrêter sa marche.

Il suspend aussitôt les hostilités; mais tandis que, de toutes parts, en France, on ne s'occupe que de la paix, le général Chanzy s'efforce de pouvoir l'obtenir en présentant à l'ennemi une armée encore capable de lui infliger, sinon des revers, du moins des pertes assez sensibles.

Pendant toute la durée de l'armistice, il travaille à la réorganisation de ses troupes.

La ligne de la Sarthe a perdu son importance, puisque Paris ne doit plus être l'objectif de nos armées.

Le général Chanzy transporte ses positions dans le bassin de la Vienne, afin de pouvoir couvrir, à la fois, Bordeaux et le Midi de la France, dans le cas où les hostilités devraient être reprises.

Tous ces mouvements sont exécutés dans le plus grand ordre.

Quoiqu'on ait pu dire, il y avait encore une « *Armée de la Loire.* »

Cette armée, qui ne se composait, au début, que d'un ramassis *d'hommes armés*, avait soutenu, pendant près de trois mois, tous les efforts de quatre corps Allemands.

Elle avait livré, pendant ce temps, *dix batailles rangées* et plus de *quarante combats*.

L'ennemi s'était vanté, par deux fois, de l'avoir détruite; il avait cité, avec orgueil, les chiffres presque invraisemblables des prisonniers qu'il avait enlevé, et, *par deux fois, l'armée de la Loire*, débarrassée de ses traînards et de ses plus mauvais soldats, reparaissait en ligne avec ses corps intacts, avec son artillerie presque au complet, avec ses troupes mieux disciplinées qu'avant, avec ses chefs plus riches d'expérience et toujours prêts à reprendre la lutte.

La France, au milieu de son deuil, a droit d'être fière de sa jeune armée.

Sans doute que nos volontaires et nos mobiles ne valent pas les vieux soldats; sans doute que les leçons, si dures, hélas! que nous avons reçues prouvent, d'une façon indiscutable, la nécessité de l'instruction militaire, à tous les degrés et pour toutes les classes, mais la génération qui relèvera un jour notre drapeau national n'en souscrira pas moins à cette déclaration que:

L'ARMÉE DE LA LOIRE
A BIEN MÉRITÉ DE LA FRANCE

ÉPHÉMÉRIDES DES OPÉRATIONS SUR LA LOIRE

PREMIÈRE PÉRIODE

20 Septembre. (1870)	—	Les avant-gardes de l'armée Allemande s'avancent au-delà d'*Etampes* dans la direction d'*Orléans*.
26	—	Evacuation d'*Orléans* par le général de Polhès, on réoccupe la ville dès le lendemain. — (Page 16.)
5 Octobre.	—	Reconnaissance exécutée par le général Reyau et engagement de *Toury*. — (Page 19.)
9	—	Défense du village d'*Angerville* par les *Partisans du Gers*. — (Page 23.)
10	—	Premier combat d'*Arthenay*. — (Page 24.)
11	—	Occupation d'*Orléans* par les Bavarois. — (Page 25.)

18 Octobre. — Combat de *Châteaudun* et prise de cette ville par la 22ᵐᵉ division d'infanterie Prussienne. — (Page 30.)

24 — Occupation de *Chartres* par la même division. — (Page 34.)

7 Novembre. — Engagement de cavalerie à *Saint-Laurent-des-Bois*. — (Page 46.)

8 — Evacuation d'*Orléans* par les Bavarois. — (Page 47.)

9 — Bataille de *Coulmiers*. — (Page 49.)

DEUXIÈME PÉRIODE

14 Novembre.— Engagement de cavalerie à *Viabon*. — (Page 76.)

17 — Combats d'*Houdan* et de *Châteauneuf*. — (Pages 77 et 78.)

18 — Combats d'*Ardelles* et de *Digny*. — (Page 79.)

21 — Engagements à *La Loupe* et vers *Nogent-le-Rotrou*. — (Page 82.)

24 — Combat du *Theil*. — (Page 83.)
Combat de *Ladon*. — (Page 89.)

28 Novembre — Combat de *Beaune-la-Rolande*. — (Page 93.)
1er Décembre.— Combats de *Villepion* et de *Nonneville*. — (Page 103.)
2 — Combats de *Loigny*, de *Lumeau* et de *Paurpry*. — (Page 109 et 113.)
3 — Combats d'*Arthenay* et de *Chevilly*, engagements d'*Aschères* et de *Chilleurs-aux-Bois*. — (Pages 125 et 127.)
4 — Evacuation d'*Orléans*. — (Page 145.)

TROISIÈME PÉRIODE

6 Décembre.— Occupation de *Meung* par la cavalerie Prussienne. — (Page 171.)
7 — Combat de *Messas*. — (Page 173.)
8 — Combats de *Lorges* et de *Beaumont*. — Occupation de *Beaugency* par l'ennemi. — (Pages 177, 179 et 180.)
9 — Combats d'*Ourcelles* et de *Tavers*. — Pages 186 et 187.)
10 — Combat de *Villejouan*.— (Page 189.)

11 Décembre.—		Combats de *Villermain* et de *Séris.* — (Pages 193 et 194.)
14	—	Combat de *Fréteval.* — (Page 201.)
15	—	Bataille de *Vendôme.* — (Page 204.)
17	—	Combat de *Droué.* — (Page 213.)
20	—	Combat de *Monnaie.* — (Page 217.)
27	—	Combats de *Saint-Quentin* et de *Montoire.* — (Pages 224 et 225.)
31	—	Mouvement du général Jouffroy sur *Vendôme.* (Page 226.)
3 Janvier. (1871)	—	Occupation de *Nogent-le-Rotrou* par le général Rousseau. — (Page 228.)
		Combats de *Villeporcher* et de *Lancé.* — (Page 237.)
6	—	Combat de la *Fourche.* — (Page 240.)
		Engagement à *Azay.* — (Page 247.)
		Combat de *Villiers.* — (Page 248.)
7	—	Deuxième combat du *Theil.* — (Page 241.)
		Deuxième combat de *Saint-Amand.* — (Page 251.)
8	—	Combat de *Vancé.* — (Page 254.)
		Combat de *Ruillé-sur-le-Loir.* — (Page 256.)
9	—	Combats de *Conneré* et de *Thorigné.* — (Page 243.)
		Engagement à *Neuvillé-Saint-Pierre.* — (Page 252.)
		Combat de *Brives.* — (Page 259.)
		Combat de *Chahaignes.* — (Page 260.)
		Combat d'*Ardenay.* — (Page 262.)
10	—	Combat de la *Chapelle Saint-Rémy.* — (Page 245.)
		Combat de *Saint-Mars-de-la-Brière.* — (Page 246.)

10 Janvier. —	Combat de *Parigné-l'Evêque.* — (Page 265.)	
	Combat de *Changé.* — (Page 266.)	
11 —	Bataille du *Mans.* — (Page 271.)	
12 —	Retraite du général Chanzy. — (Page 280.)	
	Combat de *Fatines.* — (Page 286.)	
14 —	Combat de *Chassillé.* — (Page 294.)	
15 —	Combat de *Sillé-le-Guillaume.* — (Page 296.)	
	Combat de *Saint-Jean-sur-Erve.* — (Page 298.)	
	Combat d'*Alençon.* — (Page 301.)	
18 —	Combat de *Bonchamps.* — (Page 300.)	
29 —	Nouvelle de l'armistice. — (Page 306.)	

FIN DES ÉPHÉMÉRIDES.

Nice. — Typ. V.-Eugène Gauthier et Cᵉ, descente de la Caserne, 1.

DÉTAIL DES CARTES SPÉCIALES
DRESSÉES
POUR SUIVRE LES OPÉRATIONS DES ARMÉES DE LA LOIRE

Pl. I. — Opérations autour d'*Orléans*.
Pl. II.   —   de *Vendôme*.
Pl. III.   —   du *Mans*.
Pl. IV. — Retraite sur *Laval*.
Pl. V. — Carte d'ensemble des opérations.

Pl. I

OPÉRATIONS A

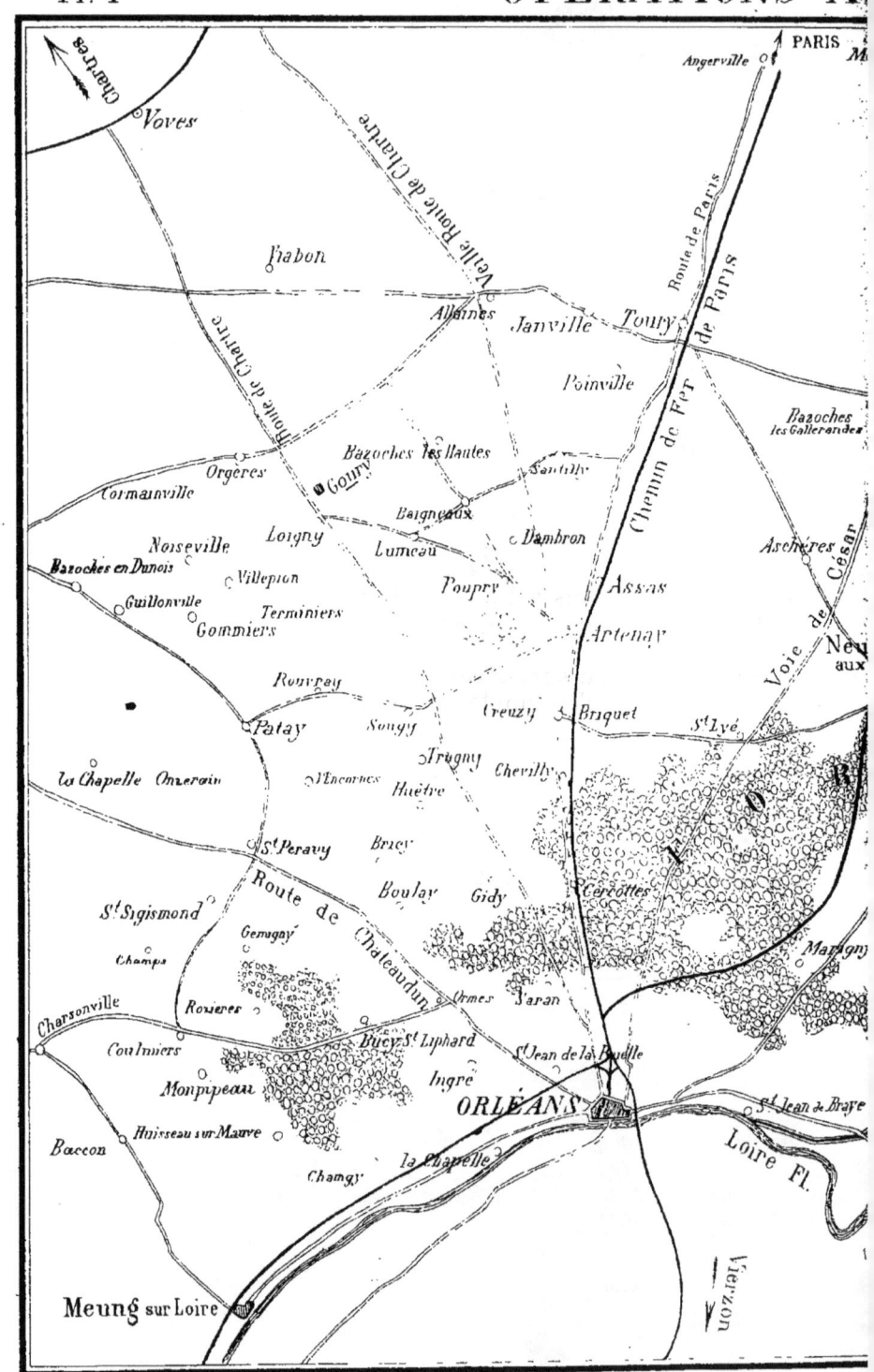

Coulmiers (9 N^{bre}) Beaune la Rolande (28 N^{bre}

UR D'ORLÉANS.

(LES OPÉRATIONS SUR LA LOIRE PAR A. LAMBERT)

igny (2 D^{bre}) Chevilly (3 D^{bre}) Cercottes (4 D^{bre})

Pl. II

OPÉRATIONS AU

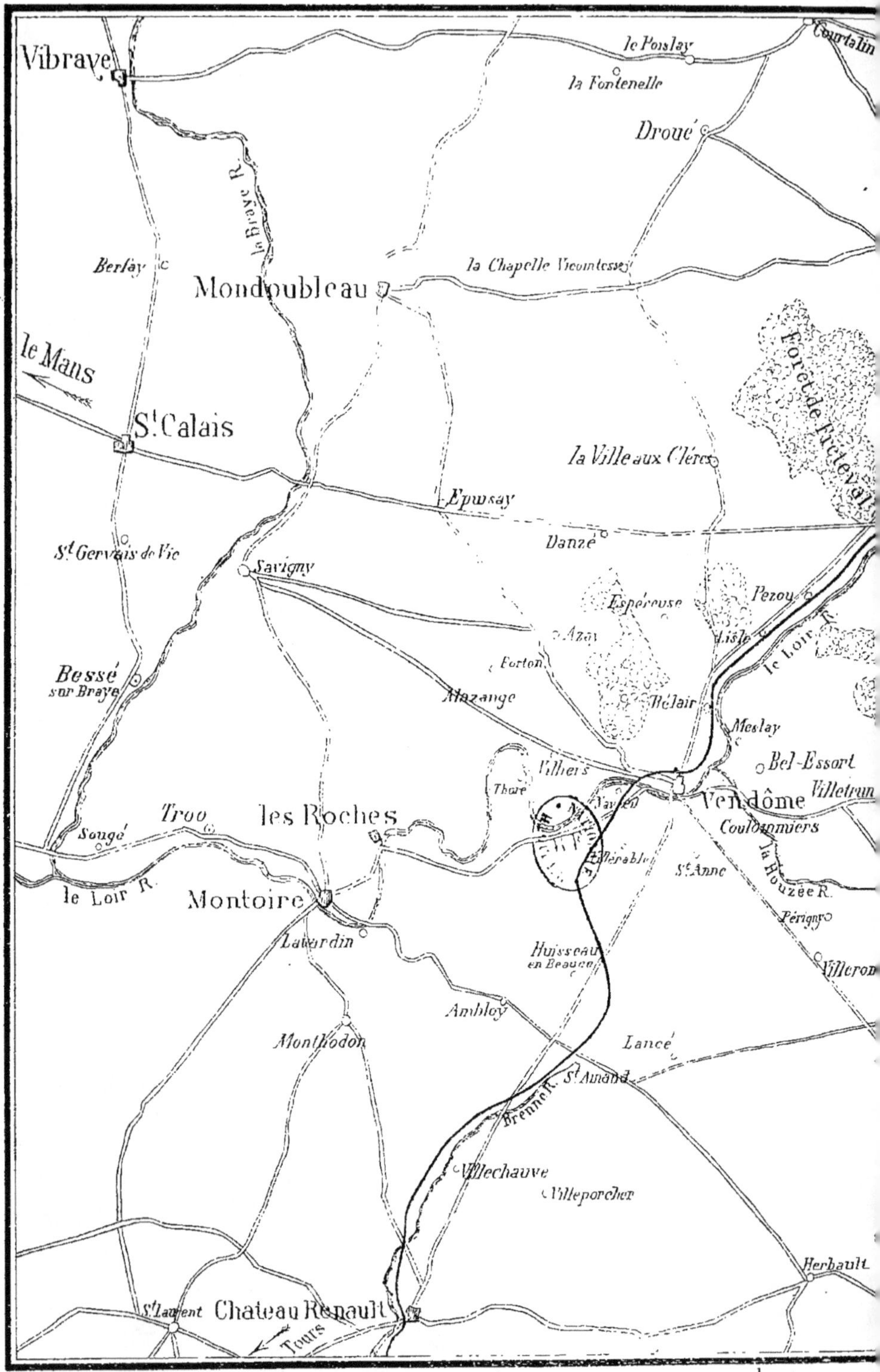

J. DALMET GRAVEUR

Chateaudun (18 Ocbre.) Beaumont (8 Dbre.) Ven

R DE VENDÔME (LES OPÉRATIONS SUR LA LOIRE) PAR A. LAMBERT.

(15 D^{bre}) Montoire (27 D^{bre}) St Amand (6 Janvier)

Pl. III

OPÉRATIONS A

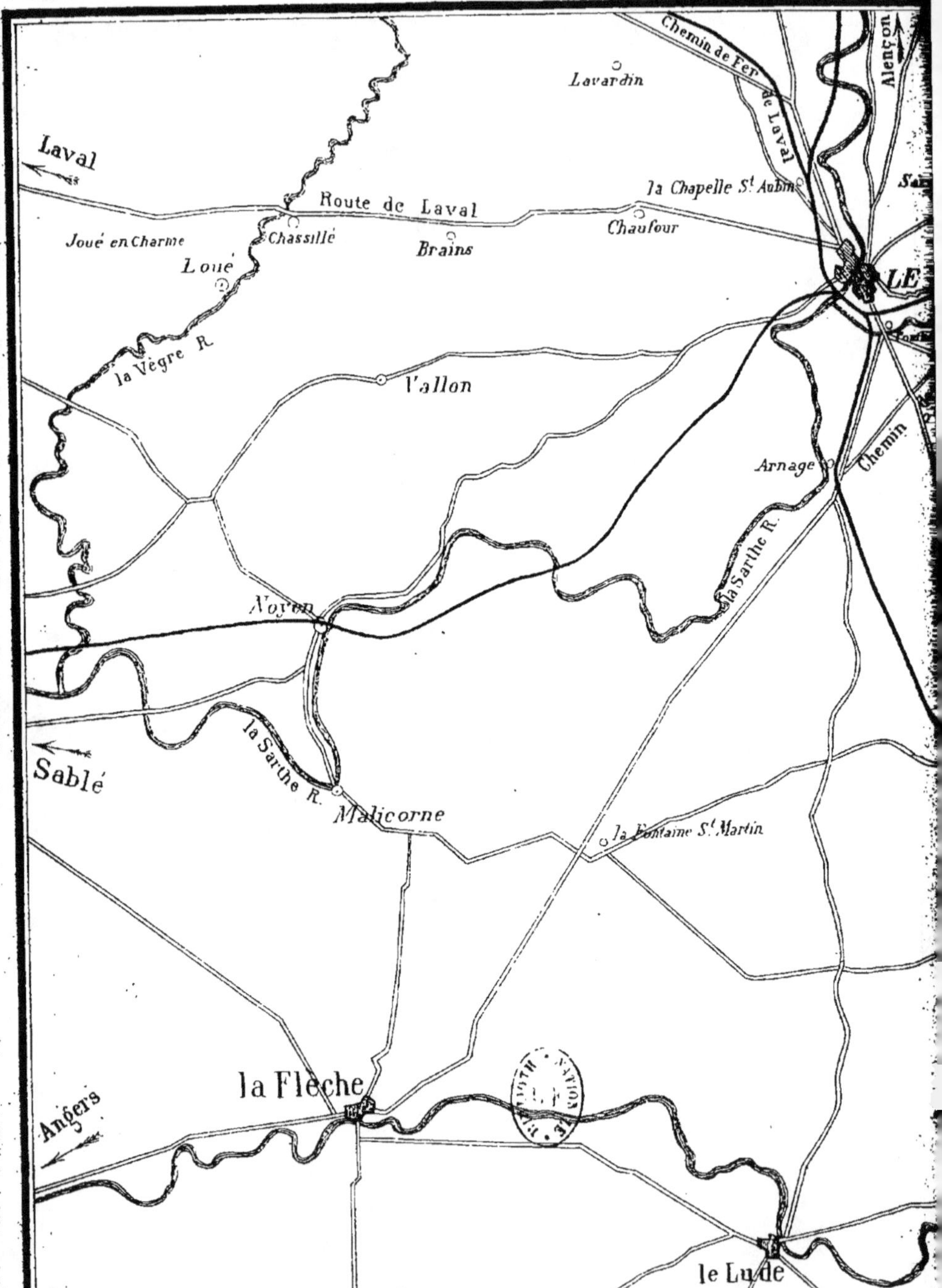

J. DALMET, GRAVEUR

Bessé, Pt de Braye (8 Janvier) Ardenay, l'Homme (9 J

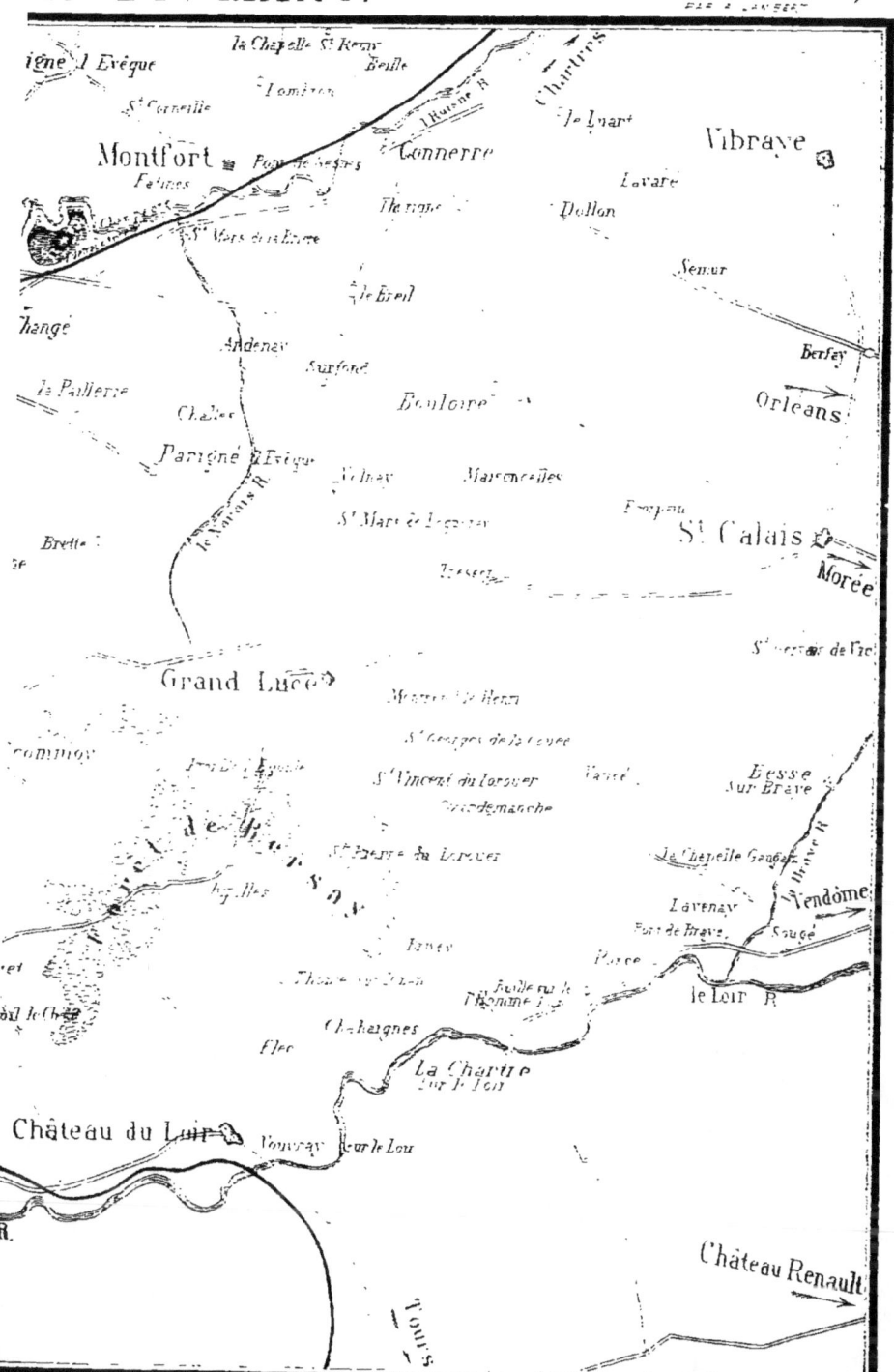

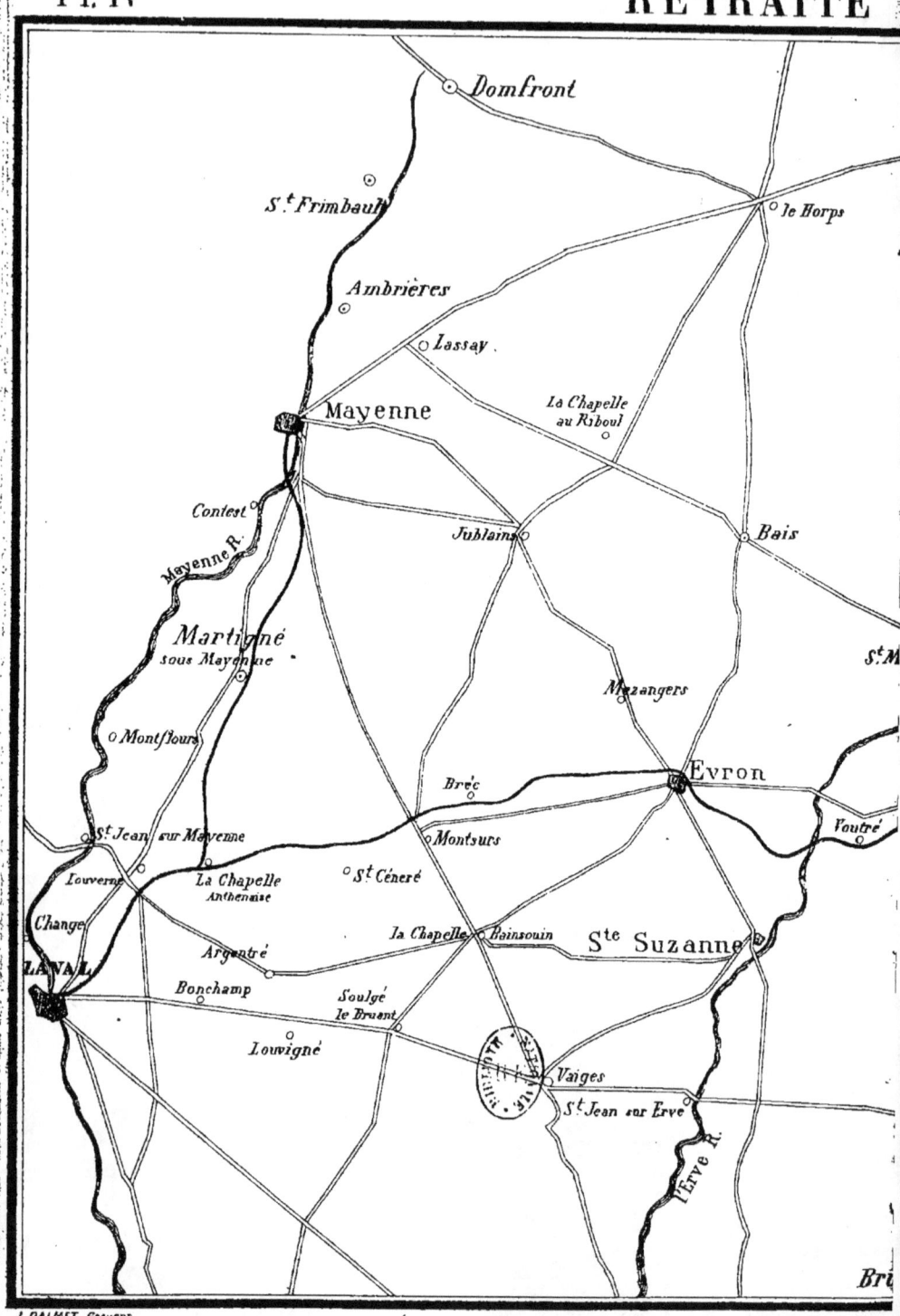

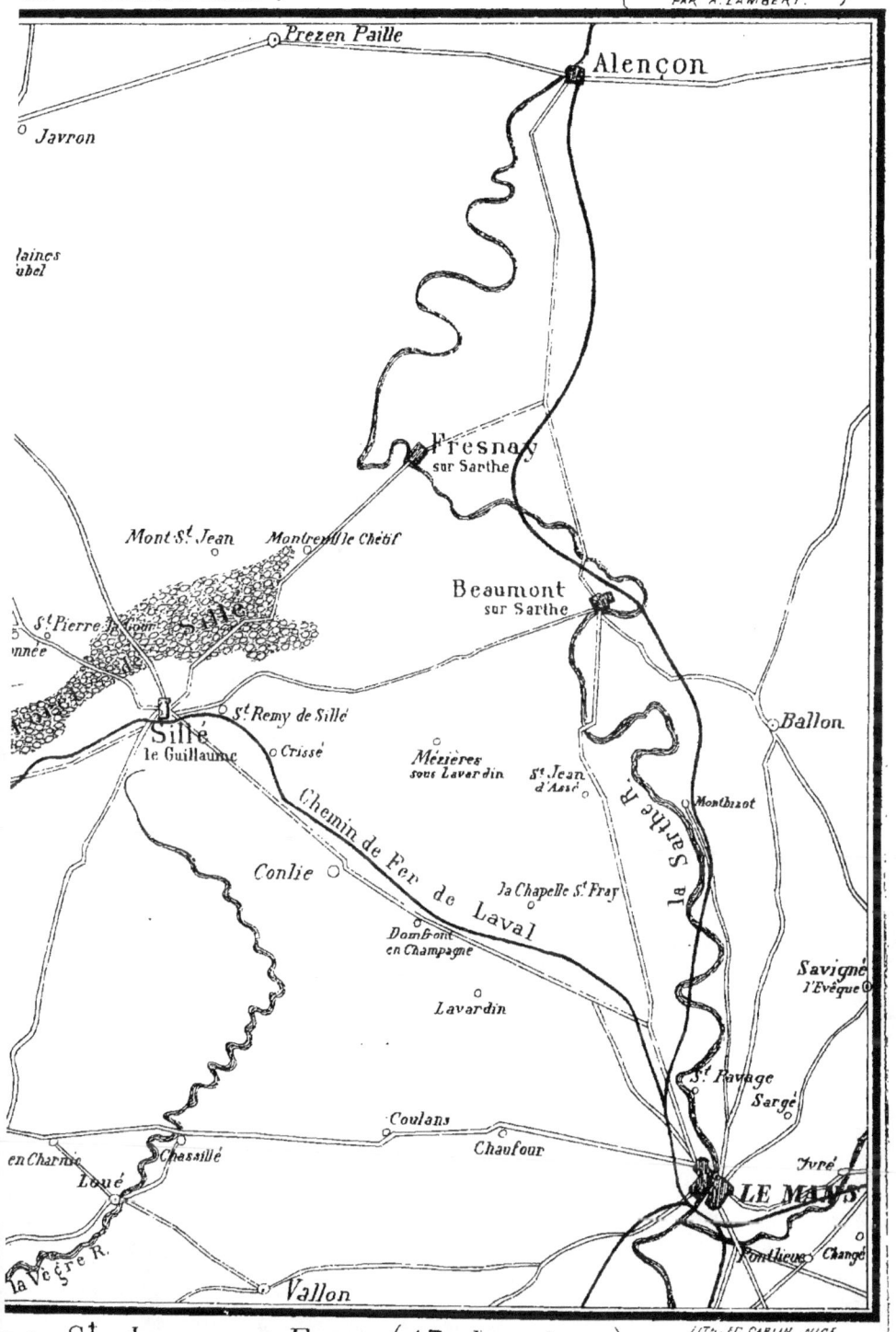

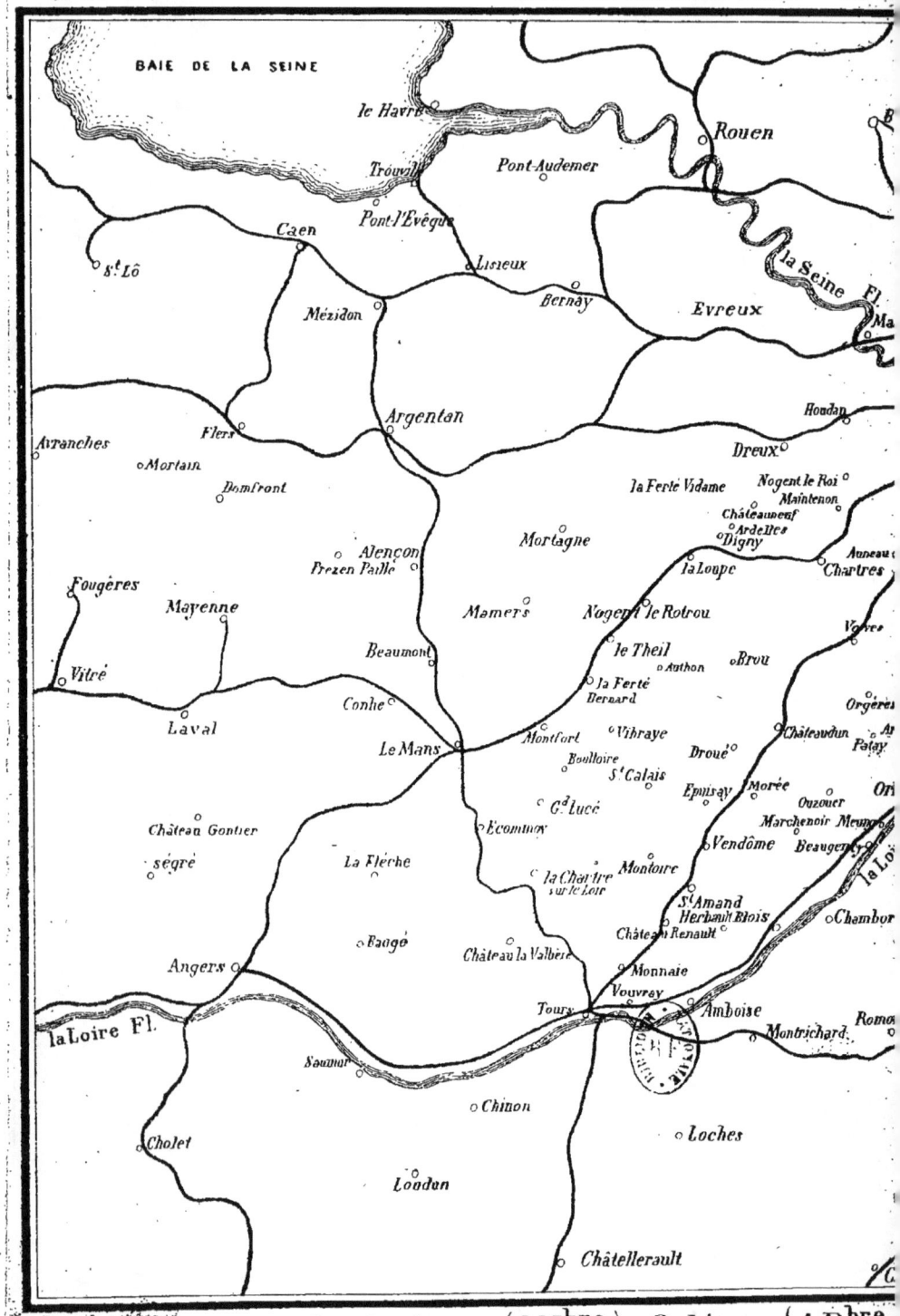

OPÉRATIONS

(LES OPÉRATIONS SUR LA LOIRE)
PAR A. LAMBERT.

...ndôme (15 D^bre) le Mans (11 Janvier)

LITH. ED. CARLIN, NICE

www.ingramcontent.com/pod-product-compliance
Lightning Source LLC
Chambersburg PA
CBHW060325170426
43202CB00014B/2673